sans prendre de poids !

Au bureau

textes de

Marie-Laure André

recettes de

Stéphan Lagorce, Laurence du Tilly

et Marie-Laure André

hachette

PRATIQUE

Sommaire

Bien manger au bureau sans prendre de poids

Emploi du temps surchargé ou journée continue avec micro-pause déjeuner… nous sommes nombreux à prendre nos repas au bureau à la va-vite ! Petits en-cas ou gros grignotages, ces repas pris sur le pouce ne sont malheureusement pas toujours équilibrés !
Si vous n'avez pas une minute à perdre au bureau et que vous ne voulez pas prendre de poids, suivez mes conseils et testez mes recettes : je vous livre toutes mes astuces pour faire des repas équilibrés, savoureux, et sans perdre de temps !

Gare au snacking !

Sous ce terme se regroupent toutes les préparations qui se consomment sans assiette ni fourchette : les sandwichs, les pizzas et les quiches, les hamburgers, les barres chocolatées ou encore les pâtisseries. Entre les repas ou à la volée, devant l'écran de télévision ou celui de l'ordinateur, le snacking est désastreux sur le plan nutritionnel !
En revanche, s'il est constitué d'ingrédients sains consommés en guise de repas, il est tout à fait compatible avec une alimentation équilibrée ! Suivez le guide.

LA GAMELLE À EMPORTER

Vous préparez votre repas à emporter à la maison ? Vous trouvez peut-être cette solution parfois fastidieuse, mais c'est de loin la plus économique. Elle permet également de composer un menu équilibré et savoureux !
Mais, quand on « pique-nique » en solo dans son bureau, il faut un maximum d'imagination pour gommer la monotonie de la gamelle à emporter et sortir des traditionnelles salades de riz ou des trop déprimants sandwichs jambon-fromage. Vous voulez un coup de pouce ? Voici quelques pistes pour varier vos menus et vous régaler au bureau, ainsi que 50 recettes hautes en couleurs, rapides à préparer et faciles à transporter !

Les bons stocks

Pour préparer rapidement un repas à emporter sain et équilibré, il vous faut stocker dans vos placards et dans votre réfrigérateur les bons ingrédients.

Dans le réfrigérateur/congélateur	**Dans le placard**
Laitages nature : yaourts, fromages blancs et petits-suisses	Conserves de poisson : thon au naturel, sardines au citron
Jambon blanc et jambon cru, filets de poulet, dés de jambon, lardons	Huile d'olive, de colza ou de noix ; vinaigre de vin ou balsamique ; sauce crudités
Gruyère râpé, parmesan, chèvre frais, feta, comté, mozzarella	Conserves de légumes : maïs, haricots verts, cœurs de palmier, champignons de Paris
Pavés de saumon, filets de poissons blancs, saumon ou truite fumés	Purée en flocons, blé, semoule de couscous ; polenta ; riz thaï ou basmati ; quinoa
Œufs frais, lait demi-écrémé	Conserves de lentilles et de pois chiches au naturel
Salade en sachet (roquette, mâche), légumes variés : concombres, tomates, carottes, poivrons	Fruits secs : noix, pignons de pin, pistaches ou noisettes grillées
Fruits frais	Compotes variées ; avocats, bananes
Pâtes à tarte toutes prêtes, pâte à pizza, feuilles de brick ou pâte filo ; pâtes fraîches	Pains pour sandwichs (bagel, pita, bruschetta)
Crème fraîche épaisse et liquide, beurre	Farine, sucre en poudre ; miel
Moutarde, citron, sauce pesto, olives, câpres et cornichons ; coulis de tomates	Sel, poivre, épices et aromates

Avec ces ingrédients, vous pouvez cuisiner en un minimum de temps de nombreuses préparations : quiches aux légumes, salades composées à base de crudités, de riz ou de lentilles, omelettes variées, sandwichs gourmands équilibrés, etc.

Un bon plan

• Vous partagez votre bureau avec plusieurs collègues ? Proposez de mettre en commun vos repas de temps en temps : chacun peut se charger de la préparation d'un plat (salade composée pour le premier, quiche pour le second et salade de fruits pour le dernier). Cette formule casse la monotonie du pique-nique en solo et permet de varier les menus !

Utilisez les restes

Vous ne savez plus quoi emporter pour votre casse-croûte ? Récupérez les restes du dîner, vous gagnerez du temps ! Voici quelques idées pour utiliser vos restes :

Avec un reste de...	...je peux cuisiner :
Rôti de veau, rosbif ou gigot d'agneau	Sandwich viande froide, roquette, fromage frais et moutarde
Ratatouille	Quiche à la ratatouille
Riz, blé, quinoa	Salade de riz, thon, maïs, tomate, avocat et gruyère ; salade végétarienne de quinoa, tomate, feta, concombre et olives noires
Pommes de terre	Salade strasbourgeoise ; salade de pommes de terre au thon et à la ciboulette
Poulet rôti et pâtes	Salade de pâtes, dés de poulet, avocat, olives noires et jambon cru

Vous avez oublié de préparer votre casse-croûte ?

7 h 30, l est temps de prendre la route du travail et vous avez oublié de préparer votre déjeuner ? Pas de panique ! Plutôt que d'acheter au coin de la rue de la quiche et une pâtisserie bien grasse, récupérez dans votre réfrigérateur une tomate (ou quelques tomates cerise), une tranche de jambon, une part de fromage et un fruit. Arrêtez-vous à la boulangerie pour acheter un petit pain individuel afin de préparer un sandwich : votre repas est prêt !

LES SANDWICHS

On dit que le sandwich fait grossir… Info ou intox ?
Intox ! Le pain est un aliment sain et pauvre en graisses. Riche en céréales, il tient une place de choix dans l'équilibre alimentaire. Veillez simplement à choisir la bonne garniture et à limiter la quantité de sauce grasse dans vos sandwichs.

Quelle quantité de pain ?

Au bureau, on ne se dépense pas beaucoup et l'activité physique est donc plutôt réduite ! Pour préparer votre sandwich, contentez-vous de 80 à 100 g de pain, soit l'équivalent d'un tiers ou d'une demi-baguette, ou de 2 grandes tranches de pain spécial sandwich.
Pour varier les plaisirs, alternez les types de pain : pain au levain, pain aux céréales, pain pita, bagel, pain polaire ou pain de mie complet.

Bon à savoir

> Plus le pain contient de fibres (comme dans le pain complet, le pain aux céréales ou le pain de seigle), mieux il rassasie et plus il vous protège des petits creux redoutables dans l'après-midi !

La garniture : faites les bons choix !

Si le sandwich n'est pas incompatible avec une alimentation équilibrée, encore faut-il bien choisir sa garniture et ne pas surcharger votre sandwich de sauce grasse !

Troquez les tranches de saucisson et les rillettes bien grasses par du carpaccio de bœuf, du saumon fumé, du thon au naturel, du poulet grillé ou encore par du rôti de porc. Pour apporter de la fraîcheur, pensez aux rondelles de tomate et de concombre, à la roquette, aux cébettes, au fromage frais, au coleslaw (mélange de carottes et de chou blanc râpés, agrémenté de yaourt, de moutarde et de fines herbes).

Par ici la sauce !

Pour agrémentez vos sandwichs, pensez au pistou, au tsatziki, au guacamole, au caviar d'aubergines ou de tomates. Ces sauces sont moins grasses et bien plus appétissantes que la traditionnelle mayonnaise ! Riches en goût, elles permettent de varier les plaisirs et apportent un maximum de saveurs avec une quantité de graisse minimale.

Un petit tour du monde des sandwichs

La France est le royaume du sandwich ! Rapide et simple à composer, facile à transporter et à consommer n'importe où, c'est l'aliment fétiche des repas pris au bureau !

Mais si vous pensez que le sandwich est l'apanage des Français, détrompez-vous : ils sont consommés dans de nombreux pays ! Je vous propose un petit dépaysement culinaire autour du sandwich.

Le norvégien

Garnissez une tranche de pain polaire (pain suédois) de fromage frais (chèvre frais, petit-suisse, ricotta), puis déposez-y une tranche de saumon fumé, quelques rondelles de concombre, de l'aneth ciselé et un filet de jus de citron.

Le grec

Passez quelques secondes un pain pita au grille-pain, puis ouvrez-le et garnissez-le avec un reste de gigot d'agneau ou de rosbif, de la moutarde mélangée avec du yaourt à la grecque, de la feta émiettée et quelques rondelles d'oignon doux.

Le mexicain

Passez au four pendant quelques minutes une galette de blé (tortilla), puis garnissez-la de poulet grillé en morceaux, de guacamole, de lanières de poivron grillé et de gouda. Roulez la tortilla sur elle-même.

Le british

Garnissez un bagel avec de la ricotta, du carpaccio de bœuf, de la roquette et du pistou.

Envie d'autres idées pour varier vos sandwichs ? Retrouvez des recettes originales à partir de la page 77.

LES SALADES ET AUTRES LÉGUMES

Si vous portez une attention toute particulière à votre silhouette, les recettes de salades et de légumes sont faites pour vous ! Riches en fibres et pauvres en calories, les légumes sont nos alliés minceur. Privilégiez les légumes de saison pour profiter des meilleurs prix et des vitamines dont ils regorgent à pleine maturité :

- asperges, radis, pousses d'épinards et carottes au printemps ;
- tomates, courgettes, artichauts, haricots verts et poivrons en été ;
- champignons, mâche et potiron en automne ;
- chou-fleur, endives, fenouil et céleri-rave en hiver.

Retrouvez de nombreuses recettes de salades et de légumes variés à partir de la page 48.

La sauce : attention aux excès !

Si la salade en elle-même ne fait pas grossir, il n'en va pas de même pour la sauce, surtout si celle-ci est composée essentiellement d'huile ! Pour éviter les excès, limitez la quantité d'huile : 1 ou 2 cuillerées à soupe maximum.

La soupe : à déguster sans modération !

Quoi de mieux qu'une bonne soupe, légère à souhait, pour se réchauffer en hiver ? Au potiron, à la courgette, à la tomate, aux poireaux… remplissez votre Thermos de soupe. Vous pourrez la déguster pendant votre pause déjeuner ou à tout autre moment de la journée pour combler un petit creux.

Frais et secs, les légumes ont tout de bon !

Pensez également aux légumes secs, qui permettent de réaliser des salades variées et colorées : salade de lentilles au jambon et aux échalotes, salades de pois chiches au gouda et au cumin, salade de fèves au jambon cru et au parmesan.
Riches en fibres et en protéines, et pauvres en graisses, les légumes secs rassasient durablement : ils sont donc bons pour la santé… et pour la ligne ! Retrouvez la recette de la Salade de cocos au thon (p. 59) ou celle des Lentilles aux noix en salade (p. 56).

Les salades à base de féculents : de l'énergie jusqu'au dîner !

Les féculents rassasient durablement et permettent d'éviter les petits creux en fin d'après-midi. Ils ne vous feront pas prendre de poids si vous limitez l'assaisonnement et si vous terminez votre repas par un fruit de saison.
Testez les recettes de salades à base de riz, pommes de terre, millet, blé, quinoa, pâtes, semoule et boulgour. Je vous propose la recette du Tartare de tomates et blé au fromage frais (p. 76) et celle du Taboulé (p. 66). Régalez-vous !

Vous n'avez pas de réfrigérateur sur votre lieu de travail ?

Pensez à la mini-glacière ou au sac isotherme que vous pouvez garnir de blocs de glace pour maintenir votre repas au frais toute la matinée.

LES CAKES, QUICHES & CO.

Les quiches, c'est simple et rapide à préparer et c'est facile à transporter ! Emportez l'équivalent d'un sixième ou d'un quart de quiche, et accompagnez-la d'une petite assiette de crudités pour équilibrer votre repas. Côté garniture, préférez le thon, le jambon, le fromage frais et les légumes plutôt que les traditionnels lardons. Testez la recette de la Quiche à la ratatouille (p. 77), vous serez conquis !

Les cakes salés sont également faciles à transporter et peuvent constituer l'élément de base d'un repas équilibré au bureau : 2 ou 3 tranches de cake salé, accompagnées d'une assiette de crudités ou d'un bol de soupe, et votre repas est prêt ! Pour limiter l'apport en graisses, choisissez la bonne garniture (jambon blanc, champignons, tomates, chèvre frais plutôt que lardons, roquefort ou olives) et troquez le beurre contre un mélange à part égale d'huile d'olive et de vin blanc pour un résultat tout aussi savoureux. En panne d'inspiration ? Testez la recette du Cake feta, tomates cerise et olives (p. 88).

Zoom sur les terrines

> Les terrines (de légume, de viande ou de poisson) sont des variantes des pâtés mais contiennent beaucoup moins de graisses : elles sont donc parfaites pour des repas légers et savoureux. Cuisinez-les aussi souvent que vous le désirez ! Retrouvez la recette de la Terrine de carotte au gingembre (p. 50).

LES VIANDES ET LES POISSONS FROIDS

Pour changer des sandwichs, des quiches ou des cakes, pourquoi ne pas emporter de la viande ou du poisson froid ? Accompagnez-les d'un peu de crudités et de pain, ou d'une salade à base de féculents (taboulé ou salade de pâtes au basilic). Terminez par un laitage nature ou par un fruit pour obtenir un repas parfaitement équilibré !

Zoom sur la lunch-box

> L'ustensile indispensable pour manger sainement en solo : la lunch-box ! C'est tout simplement une version modernisée de la gamelle, mais elle comporte généralement plusieurs compartiments pour y transporter votre repas complet. Certaines lunch-boxes sont isothermes et conservent donc très bien vos repas chauds ou froids, d'autres seront à transporter dans un sac isotherme ou dans une petite glacière.

LES DESSERTS

Envie de douceur après votre casse-croûte ? Si vous avez prévu une quiche, un sandwich ou un cake salé, terminez de préférence par un fruit de saison et/ou par un laitage simple (fromage blanc ou yaourt nature). Vous respecterez ainsi parfaitement les règles de l'équilibre alimentaire.
Vous emmenez une salade composée ? Alors faites-vous plaisir avec un dessert plus gourmand comme un muffin 100 % vanille (recette p. 122), une part de cake sucré (testez la recette du Cake spécial aux amandes p. 119), ou encore une part de tarte aux fruits.

MES TRUCS EN PLUS DE DIÉTÉTICIENNE

De l'organisation !

Préparez votre repas la veille au soir, et n'attendez pas le dernier moment pour décider de ce que vous emporterez en guise de déjeuner. Si vous êtes pressé de partir le matin, vous risquez fort d'emporter n'importe quoi !

Prenez le temps

Faites une vraie pause, même si celle-ci ne doit durer que 10 minutes ! Évitez de manger devant l'ordinateur pour vous consacrer corps et âme à votre repas, et prenez le temps de mastiquer : vous ne vous sentirez pas rassasié si vous avalez votre casse-croûte en moins de 5 minutes.

Équilibrez !

Pour garder un poids stable, pensez à bien équilibrer le repas du soir :

- Vous n'avez pas mangé de légumes au déjeuner ? Préparez une belle assiette de légumes au dîner pour compenser : soupe, crudités variées, légumes sous toutes leurs formes !
- Vous avez mangé des plats riches en graisses au déjeuner (quiche + pâtisserie par exemple) ? Prévoyez un dîner léger, pauvre en graisses, à base de viande grillée ou de poisson au four, de légumes et de dessert simple (fruit de saison ou laitage nature). Évitez la charcuterie, les fritures et le fromage !

PROPOSITIONS DE MENUS

DÉJEUNER AU BUREAU (LUNCH-BOX)	DÎNER
Terrine froide de saumon **Taboulé** Yaourt aux fruits	Concombre bulgare Rosbif Gratin de courgettes Compote de pêches
Club sandwich au poulet Fromage blanc Pomme	Soupe au pistou Jambon blanc Salade de mâche Comté **Salade de fruits frais aux épices**
Gaspacho de tomates Poulet rôti aux herbes **Salade merveilleuse sucré-salé** 1 petit pain de campagne	Salade frisée Foie de veau poêlé Fenouil braisé Camembert Compote de pommes
2 tranches de cake jambon-emmental Salade de tomates, concombre, feta et olives noires Café + carré de chocolat	Crevettes sauce crudités Brochette de saint-jacques au chorizo Fondue de poireaux Petit-suisse et morceaux de fraises
Bœuf rôti et mariné Salade de roquette aux pignons grillés et au fromage de chèvre 1 petit pain au sésame Poire	Bouillon aux vermicelles Œufs mollets Épinards à la crème **Clafoutis aux framboises et au miel**
Rôti de veau **Hachis de légumes à la coriandre** **Semoule aux fruits secs à l'orgeat**	Soupe de légumes Rôti de veau Coquillettes au beurre + fromage râpé Litchis au sirop
Rôti de porc froid, oignons rouges et gingembre **Salade de fenouil et de pommes à l'orange** Yaourt brassé nature **Madeleine spéciale au colza et aux noix**	Salade verte Filet de truite aux amandes Riz basmati Fromage blanc au coulis de fruits rouges

Tout ce qu'il faut savoir pour ne pas prendre de poids

Est-il vraiment possible d'être gourmand sans grossir ? OUI ! Car tout est une question d'équilibre entre la diversité et la quantité d'aliments que l'on consomme. Suivez-moi, vous vous régalerez sans prendre de poids !

Objectif n° 1 : se faire plaisir sans grossir

Il est interdit d'interdire !

Avant toute chose, sachez qu'il n'y a pas de bon ou de mauvais aliment. Tout est question de proportion : on peut donc manger de tout sans prendre de poids, y compris les aliments les plus gras ou les plus sucrés, en ayant bien conscience qu'une portion de chocolat ce n'est pas la tablette entière ou qu'une portion de chips, ce n'est pas le grand paquet !

Une portion raisonnable, c'est…

1 part de légumes = 80 g minimum
1 part de viande = 100 à 125 g
1 part de fromage = 30 à 40 g maximum
1 part de chocolat = 10 à 20 g maximum (1 gros carré ou 2 moyens)
1 part de crème glacée = 2 boules

Halte aux régimes !

Attention aux régimes draconiens qui reposent sur la privation et bannissent certains aliments sous prétexte qu'ils font grossir. Rien de tel pour éprouver de la frustration, que vous comblerez à la moindre occasion… pour mieux vous priver ensuite comme pour vous punir d'avoir succombé au plaisir. Résultat, votre poids joue au yoyo et vous n'êtes jamais satisfait. Suivez plutôt mes conseils pour apprendre à manger de tout sans prendre de poids pour autant.

Diversifier pour se régaler

Pour ne pas prendre de poids, il suffit d'avoir une alimentation équilibrée et variée. Alors faites preuve d'imagination ! Et pour découvrir de nouvelles saveurs, changer vos habitudes alimentaires, bien vous nourrir, testez mes recettes… et faites un peu d'exercice. Voilà le régime idéal pour garder la forme longtemps.

Le saviez-vous ? La gourmandise peut être votre alliée minceur

Quand on est gourmand, et gourmet, manger est un plaisir. Et ce plaisir est très important pour garder un poids de forme stable : en effet, des études sérieuses prouvent qu'en mangeant ce qu'on aime, on est plus vite rassasié. Pourquoi ? Parce que le cerveau déclenche rapidement les hormones du plaisir qui agissent sur les sensations de faim et de satiété. Ainsi, spontanément, on réduit les quantités lorsqu'on mange avec satisfaction et contentement. Le tout est d'apprendre à être attentif à ce qu'il y a dans votre assiette, à savourer plutôt que d'engloutir, et à écouter les signaux de satiété que votre estomac ne manque pas de vous envoyer. Cela vous évitera de vous resservir machinalement.

Objectif n° 2 : être bien dans sa peau

Balancez la balance !

Croyez-moi : l'essentiel est de se sentir bien dans sa peau. Il n'y a rien de pire que d'être obsédé par son poids et de garder l'œil rivé sur l'aiguille de la balance ! Bien sûr, il ne s'agit pas de vous gaver, mais de manger de tout avec plaisir et sans vous sentir coupable. La gourmandise n'est pas un péché !

Ma promesse

Quelques kilos en trop ? Un peu de ventre qui ne vous plaît pas ? Envie de rentrer dans votre maillot de bain ou votre jean de l'année dernière ? Ou, tout simplement, désir de vous laisser aller à votre gourmandise sans mauvaise conscience ? Rien de plus simple ! En suivant mes conseils, vous retrouverez rapidement le chemin d'une alimentation savoureuse et saine. Et je vous promets que vous ne prendrez pas un gramme. Mieux encore, si vous êtes en surpoids, vous vous débarrasserez en douceur de vos kilos superflus.

Objectif n° 3 : allier plaisir et santé

Diététique, kézako ?

Vous n'y connaissez rien en diététique ? La science de l'alimentation repose pourtant sur des principes simples et faciles à appliquer. L'essentiel est de savoir que les aliments sont répartis en 6 familles, représentées dans une pyramide qui symbolise les proportions que chaque famille doit prendre au sein d'une alimentation équilibrée : les féculents, les fruits et légumes, les produits laitiers, les viandes/poissons/œufs, les matières grasses et les produits sucrés. Toutes participent à votre équilibre nutritionnel, vous devez donc manger chaque jour des aliments de ces 6 catégories, mais dans des proportions différentes et en respectant les besoins de votre corps. Suivez le guide !

La pyramide de l'équilibre alimentaire

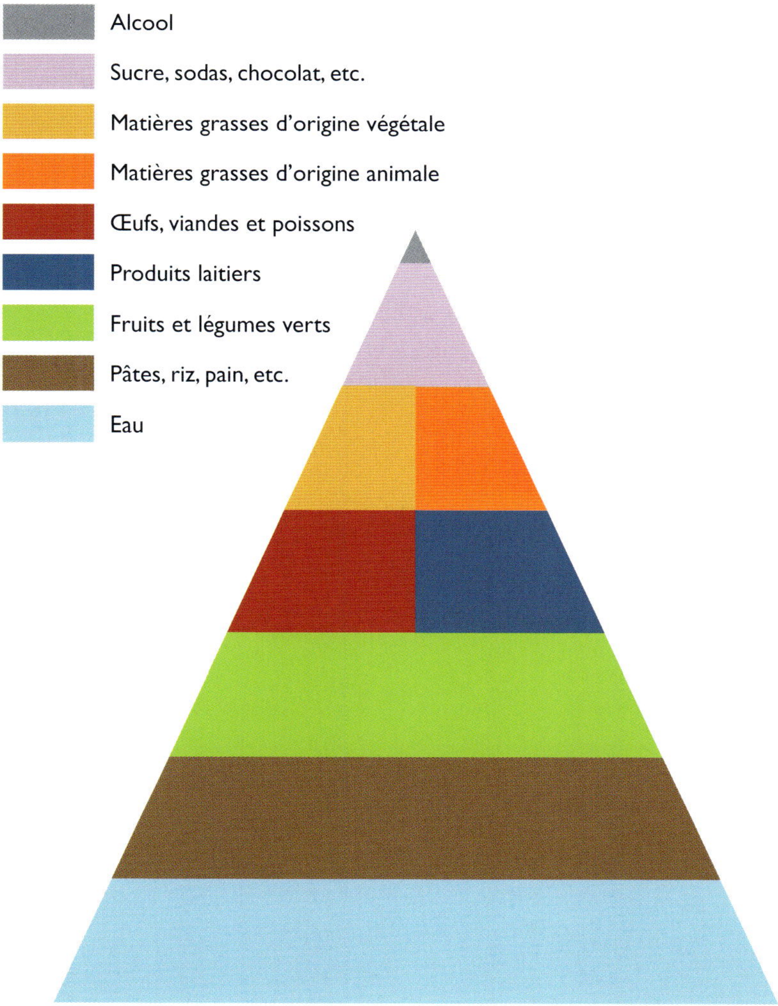

FRUITS ET LÉGUMES

5 par jour

Impossible de l'ignorer encore : il faut manger au moins 5 fruits et légumes différents par jour ! Pourquoi ? Parce qu'ils sont pauvres en calories mais riches en bien d'autres choses :

– EN FIBRES, notamment, qui jouent un rôle essentiel dans la régulation de l'appétit et du poids et qui facilitent le transit intestinal ;

– EN VITAMINES, indispensables au bon fonctionnement de l'organisme et qui aident à lutter contre les infections ;

– EN MINÉRAUX, comme le magnésium, le potassium ou le phosphore, dont nous avons besoin pour l'activité musculaire et l'équilibre nerveux.

Cette combinaison de 5 fruits et légumes par jour est notre atout forme et bien-être !

Variez les plaisirs

Vous les apprécierez sous toutes leurs formes : purées, potages, crudités, poêlées, frais, cuits, en compotes ou pressés…

Choisissez-les de préférence frais, en conserve ou surgelés « nature ». Les légumes cuisinés (du traiteur ou surgelés) sont bien plus gras et plus salés : à n'utiliser qu'en dépannage.

1 fruit, c'est...

1 pomme, 1 poire, 1 jus d'orange frais, 1 banane ou 1 pêche • 2 kiwis ou 2 clémentines • 1 poignée de raisins ou de cerises • 1 bol de fraises ou de framboises • ¼ d'ananas ou de melon • 3 prunes ou 3 abricots • 1 verre de smoothie frais

1 légume, c'est

1 ramequin de carottes râpées ou de betteraves rouges • 1 petite assiette de salade verte • 1 bol de soupe • 1 petite boîte de haricots verts (frais ou en conserve) • 2 cuillerées de ratatouille • ⅓ de concombre • 1 tomate en salade

1 fruit ou légume = 80 g environ
5 fruits et légumes = 400 g, soit :
Petit déjeuner : 1 jus d'orange
Déjeuner : salade verte + compote de fruits
Dîner : potage de légumes + salade d'oranges

Aucune excuse !

Si vous n'aimez pas les légumes cuits, mangez des crudités ou même des fruits. Vous avez la flemme d'éplucher des fruits ? Consommez-les en conserve, au sirop, en compote, pressés ou en jus. Vous n'avez pas le temps de cuisiner ? Pensez aux briques et sachets de soupe, à la salade lavée sous vide, aux purées de légumes surgelées… Autrement dit, ne vous cherchez pas de mauvaises excuses ! Et n'allez pas dire que les légumes et les fruits, c'est toujours pareil : avec mes recettes, je vous prouve le contraire.

À retenir

- Les compotes « sans sucre ajouté » et les jus de fruits 100 % pur jus ne contiennent que le sucre du fruit.
- Commencer le repas par une crudité ou une soupe aide à calmer la faim rapidement.
- La cuisson à la vapeur ou à l'étouffée préserve mieux les vitamines et les minéraux.
- Les pommes de terre et le maïs sont considérés comme des féculents et non pas comme des légumes (voir p. 31).
- Le seul légume gras est l'avocat : 15 à 20 % de graisses, mais il s'agit de graisses végétales insaturées, bonnes pour le cœur ! Vous pouvez donc en manger de temps en temps (1 fois par semaine) sans prendre du poids.

PRODUITS LAITIERS

À chaque repas

Ils sont indispensables car riches en calcium, essentiel à la constitution du squelette et au renouvellement cellulaire du tissu osseux tout au long de notre vie. Le calcium joue également un rôle dans la coagulation sanguine, l'activité musculaire et les fonctions hormonales. Si je vous dis que l'organisme élimine chaque jour une partie du calcium qu'il contient, vous comprendrez pourquoi il est impossible de faire l'impasse sur les produits laitiers.

1 produit laitier, c'est...

1 verre de lait • 1 portion de fromage (30 g) • 1 laitage : yaourt nature ou aux fruits, fromage blanc, flan, crème dessert, gâteau de riz • du fromage râpé ou du parmesan sur des pâtes • du lait ou du fromage dans une préparation : purée, sauce Béchamel, quiche, légumes gratinés, pizza

Les vrais et les faux

Privilégiez les yaourts et fromages blancs nature : ce sont vos alliés minceur. Vous pouvez même y ajouter un peu de sucre, de miel ou de confiture sans prendre de poids…
En revanche, certains laitages, comme les petits pots de crème et les îles flottantes, sont bien plus gras et plus sucrés : faites preuve de modération. Sachez enfin que d'autres desserts pourtant vendus au rayon frais (profiteroles et mousses au chocolat) ne sont pas des produits laitiers : ils ne contiennent pas de lait.

Tableau comparatif des laits (pour 1 verre de 15 cl)

	Vache (1/2 écrémé)	**Chèvre (1/2 écrémé)**	**Brebis***	**Soja** (enrichi en calcium)**
Valeur énergétique	70 Kcal	63 Kcal	143 Kcal	60 Kcal
Teneur en calcium	187 mg	190 mg	270 mg	180 mg

* Le lait de brebis n'existe pas en version demi-écrémé.
** Tous les laits de soja ne sont pas enrichis en calcium.

Quid du soja ?

Les yaourts au soja ne contiennent pas de lait de vache ou de brebis mais ils sont enrichis en calcium. Ils peuvent donc remplacer votre yaourt classique, surtout en cas d'allergie au lait de vache.

Fromage : gare aux abus !

Si le fromage est riche en calcium, il est aussi riche en graisses. Mais il est malgré tout possible de manger du fromage sans prendre de poids : je vous conseille d'en consommer sans excès et de varier les plaisirs. Par exemple, plutôt que de proposer un plateau de plusieurs fromages, contentez-vous d'en mettre un seul sur la table et servez-vous en quantité raisonnable (l'équivalent de 1/8e de camembert).

Mes conseils pour ne pas prendre de poids

- Évitez de manger du fromage à chaque repas : 1 fois par jour, c'est bien suffisant !

- Accro au fromage ? Renoncez de temps en temps à la viande et faites-vous plaisir avec une double ration de fromage.

Bon à savoir

> Les fromages les plus riches en calcium sont les fromages à pâte cuite : gruyère, parmesan, comté, emmental, etc.
> Le camembert est moins gras que le gruyère (20 % de graisses contre 28 %).
> Le beurre et la crème fraîche ne sont pas considérés comme des produits laitiers mais des matières grasses d'origine laitière. Ils ne contiennent presque pas de calcium.
> 1 portion de fromage = 30 g, soit 1/8e de camembert ou une lamelle de 0,5 cm d'épaisseur de fromage cuit.
> Le lait écrémé est aussi riche en calcium que le lait entier.

Tableau comparatif des valeurs caloriques pour 1 part (30 g)

Gruyère	117 Kcal
Camembert	84 Kcal
Roquefort	120 Kcal
Gouda/Mimolette	105 Kcal
Brie/Coulommiers	83 Kcal
Chèvre frais	50 Kcal
Brebis des Pyrénées	115 Kcal

FÉCULENTS

À chaque repas

Parce qu'ils nous fournissent du glucose, combustible de toutes nos cellules, ils représentent notre première source d'énergie. Pain, biscottes, pâtes, riz, pommes de terre, semoule, quinoa, boulgour et autres céréales permettent d'éviter les petits creux et les envies de sucre entre les repas. Ne vous les interdisez pas !

1 portion de féculents, c'est

⅓ de baguette • 5 biscottes ordinaires •
1 petit bol de céréales de petit déjeuner •
3 petites pommes de terre • ⅓ d'assiette de frites,
pommes duchesse ou pommes noisette •
½ assiette de pâtes, riz, semoule, blé,
quinoa, légumes secs

Tout est dans l'assaisonnement

Pour ne pas prendre de poids, faites attention à l'assaisonnement : 1 noisette de beurre ou 1 petite cuillerée d'huile suffisent largement pour donner du goût à une assiette de pâtes ! Vous voulez varier les plaisirs ? Préférez la sauce tomate aux sauces à base de crème. Et n'oubliez pas les herbes et les épices qui donnent de la saveur et réveillent les papilles. Dans tous les cas, réduisez votre consommation de fritures et rissolages : les aliments se gorgent de graisses comme des éponges !

Pour vous donner une idée :

100 g de pommes de terre vapeur = 90 Kcal
100 g de pommes de terre frites = 350 Kcal
100 g de chips = 550 Kcal

Quelle quantité ?

Tout dépend de votre activité physique. Vous travaillez dans un bureau, êtes assis presque toute la journée ? Une portion de féculents (ou un morceau de pain) par repas suffit amplement. Si votre métier vous oblige à bouger davantage ou si vous faites du sport, vous pouvez vous permettre deux portions par repas.

Idées reçues

- Les féculents font grossir :
  - **FAUX** : consommés en quantité raisonnable et cuisinés simplement, les féculents ne font pas grossir.

• Le riz constipe :

– **VRAI ET FAUX** : c'est l'eau de cuisson du riz qui constipe ! Si vous cuisez le riz à l'étouffée (risotto, riz pilaf ou dans un cuiseur à riz), lavez-le bien avant la cuisson pour éviter cet inconvénient. Si vous cuisez le riz à la créole, l'eau de cuisson est éliminée, il n'est alors pas nécessaire de laver le riz au préalable.

Pensez aux légumes secs

Lentilles, haricots rouges ou blancs, flageolets, pois cassés, fèves… sont riches en fibres, vitamines et minéraux : n'hésitez pas à les mettre à vos menus 2 fois par semaine. Et même plus encore si vous êtes végétarien, car ils apportent les protéines dont vous avez besoin.

Mes conseils pour ne pas prendre de poids

Si vous mangez une belle assiette de féculents, réduisez la quantité de pain au même repas.

Adepte des biscuits au petit déjeuner ? Choisissez ceux qui sont riches en céréales (type petit-beurre) plutôt que les cookies, viennoiseries et autres cakes, bien plus riches en matières grasses.

VIANDES/POISSONS/ ŒUFS

1 ou 2 parts par jour

Ils nous fournissent les protéines, éléments de base de toute cellule vivante qui participent au renouvellement quotidien de la peau, des ongles, des cheveux et des tissus musculaires.

1 part de « viande », c'est

100 à 125 g de bœuf, veau, agneau, porc… • 100 à 125 g de volaille • 100 à 150 g de poisson • 2 œufs • 2 tranches de jambon

Le saviez-vous ?

En France nous mangeons trop de viande, ce qui entraîne un apport excessif en protéines. Si vous consommez une part de viande ou de poisson le midi, une petite part suffit pour le dîner : par exemple, 1 tranche de jambon, 1 œuf à la coque…

Viande ou œuf ?

Toutes les viandes contiennent des graisses en proportion variable. L'essentiel est d'alterner viande rouge (bœuf, cheval) et viande blanche (porc, lapin, volaille, veau).

Pensez également aux œufs 1 ou 2 fois par semaine : à la coque, en omelette, au plat, en cocotte… Ils sont vite préparés, pas chers et contiennent des protéines d'excellente qualité !

Le poisson, c'est tout bon !

Je vous conseille d'en manger au moins 2 ou 3 fois par semaine ! Le poissonnier du coin comme les grandes enseignes vous vident les poissons ou vous proposent des filets sans arêtes, faciles à cuisiner et pleins de bonnes choses pour la santé. Rien ne vous empêche d'ouvrir une boîte de thon au naturel ou de maquereaux à la moutarde : accompagnés de crudités, ils feront parfaitement l'affaire !

En revanche, attention aux sardines à l'huile ou au thon à l'huile, très gras et donc très caloriques.

Les poissons blancs (colin, daurade, lieu, etc.) sont pauvres en graisses alors que les poissons gras (saumon, sardines, harengs, etc.) contiennent des graisses insaturées (les fameux oméga 3) qui protègent le cœur et ses vaisseaux.

Idées reçues

• La viande rouge est toujours plus grasse que la viande blanche :

– **FAUX** : certaines viandes rouges sont très maigres (rosbif par exemple) alors que la volaille, consommée avec la peau, sera plus grasse.

• Le poisson est moins nourrissant que la viande :

– **FAUX** : tous les poissons sont riches en protéines. Le poisson se digère plus rapidement et plus facilement que la viande, d'où l'apparition de petit creux en fin d'après-midi. Pour éviter cet inconvénient, accompagnez-le de féculents.

Charcuterie avec parcimonie...

Saucisson, saucisse, pâté, andouillette, boudin blanc ou noir... Même si la charcuterie est nettement plus grasse que la viande, elle peut la remplacer de temps en temps. Mais dans ce cas, soyez raisonnable : pas de pâtisserie en dessert.

Mes conseils pour ne pas prendre de poids

- Évitez les produits panés qui absorbent les graisses à la cuisson (nugget de poulet, cordon bleu, poisson pané, beignet de calamars).
- Enlevez la peau des volailles, le « gras » du jambon et de l'entrecôte.
- Préférez les charcuteries peu grasses (jambon blanc, rondelles de bacon maigre) aux rillettes, pâtés et saucissons plus riches en graisses.
- Choisissez des steaks hachés à 5 % de matières grasses que vous pouvez faire cuire au gril.

MATIÈRES GRASSES

En petite quantité !

Impossible de les bannir de notre alimentation puisqu'elles participent à la fabrication de nos cellules. Mais elles sont très caloriques et, consommées en excès, sont stockées sous forme de graisse. Alors, apprenez à doser les quantités ! 2 noix de beurre et 3 cuillerées à soupe d'huile par jour suffisent amplement à l'équilibre alimentaire.

On trouve 10 g de graisse dans...

1 cuil. à soupe d'huile de colza, de tournesol, etc. • 1 noix de beurre ou de margarine • 2 noix de beurre ou de margarine allégés • 1 cuil. à soupe de crème fraîche • 1 cuil. à café de mayonnaise

Vive les graisses d'origine végétale !

Elles contiennent des acides gras essentiels, très bénéfiques pour la santé. Tournesol, olive, noix, colza… toutes ces huiles sont excellentes. L'idéal est de les alterner pour profiter des propriétés de chacune. Certaines huiles s'utilisent à froid uniquement (colza, noix, soja), d'autres peuvent être utilisées pour la cuisson et l'assaisonnement : tournesol, olive, arachide…

Beurre et crème fraîche sont des matières grasses

Même s'ils sont fabriqués à partir de lait, ils ne sont pas considérés comme des laitages. Privilégiez le beurre cru, à étaler sur les tartines du petit déjeuner ou à faire fondre sur les pâtes ou les légumes. Et dites oui à la crème… mais allégée !

Mes conseils pour ne pas prendre de poids

- 1 cuil. à soupe de vinaigrette pour assaisonner vos crudités, c'est amplement suffisant.
- Vous succombez devant un pot de mayonnaise, de béarnaise et autres sauces bien grasses ? Optez pour leur version « allégée » ou, mieux, préparez-en une avec un yaourt ou du fromage blanc.
- Adoptez la cuisson dans une poêle antiadhésive, un cuiseur-vapeur, un wok, ou encore en papillote pour limiter les excès de graisses cuites.

PRODUITS SUCRÉS

Juste pour le plaisir !

Le sucre est souvent désigné comme l'ennemi n° 1 de notre ligne car, consommé à l'excès, il est facteur d'obésité. De là à s'interdire la moindre douceur, il y a plus d'un pas. Mais apprenez à doser votre plaisir et contentez-vous de 30 à 40 g de sucre par jour.

30 g de sucre c'est...

6 sucres ou 6 bonbons • 1 barre chocolatée ou 1 canette de soda • 50 g de confiture (2 cuil. à dessert bombées) • 3 boules de sorbet citron

Le plaisir sans prendre de poids

Un seul mot d'ordre : la modération. Vous pouvez parfaitement ajouter un peu de sucre ou de miel dans vos desserts (laitages, salades de fruits, etc.) et vos boissons chaudes, mais ayez la main légère. Vous ne résistez pas à un morceau de chocolat en fin de repas ? Savourez-le sans culpabilité : ce ne sont pas 50 malheureuses calories qui vont vous faire prendre du poids. Et en plus, c'est bon pour le moral !

Le « light » : vraiment léger ?

En pastille ou en poudre, les édulcorants ne contiennent pas de calories. Bonne nouvelle : ils remplacent le sucre dans les boissons « light », vous pouvez donc en boire sans mauvaise conscience ; vous profiterez du goût du sucre, sans les calories.
En revanche, méfiez-vous des bonbons ou chewing-gums dits « sans sucre » : ils ne contiennent pas de sucre classique (saccharose) mais d'autres sucres aux noms barbares (polyols, isomalt...) et les calories qui vont avec.

Mes conseils pour ne pas prendre de poids

- 2 carrés de chocolat sur un morceau de pain, c'est meilleur pour la santé et pour la ligne que la pâte à tartiner chocolatée.
- Craquez pour les barres chocolatées uniquement si vous avez une vraie activité sportive.
- Méfiez-vous des glaces américaines, plus grasses et plus sucrées que les autres.

QUE FAUT-IL BOIRE ?

De l'eau à volonté !

C'est votre alliée minceur par excellence. N'hésitez pas : buvez 1 à 1,5 litre d'eau par jour, soit 1 ou 2 verres à table et le reste entre les repas. L'eau plate vous déprime ? Essayez les eaux gazeuses ou aromatisées, buvez des boissons chaudes (thé, café léger, infusion) peu ou pas sucrées.

Eau minérale, de source ou du robinet ?

Aucune eau n'a la propriété de faire maigrir mais toutes aident à éliminer les toxines de l'organisme. Certaines eaux minérales apportent du calcium ou du magnésium, ce qui peut être intéressant en cas de besoins accrus (grossesse par exemple). L'eau du robinet est, quant à elle, la moins chère de toutes ! Choisissez donc votre eau selon votre budget et vos besoins !

L'abus d'alcool est dangereux pour la ligne

Vins, bières et alcools forts ne se contentent pas de modifier notre comportement, ils sont aussi très riches en calories. Raison de plus pour les consommer avec modération.

Il y a autant d'alcool dans…

1 verre de vin (rouge, rosé ou blanc) •
1 flûte de champagne • 1 demi de bière •
1 bolée de cidre • 1 dose de comptoir de pastis, whisky ou autre alcool fort

« 100% pur jus »

Optez pour les jus de fruits garantis « 100 % pur jus » et souvenez-vous qu'un verre équivaut à un fruit. Évitez les nectars : ils ne contiennent parfois que 25 % de fruits, tout le reste étant constitué d'eau… et de sucre !
Enfin, vous avez le droit de craquer pour des sodas, mais sachez qu'ils sont très (trop ?) riches en sucres, et donc très caloriques. Préférez les versions « light » : c'est 0 % de sucre et 0 calorie !

Bon à savoir

> Les sirops dilués avec de l'eau sont presque aussi sucrés que les sodas.
> Les eaux aromatisées peuvent contenir des sucres ajoutés : lisez bien les étiquettes.

MES CONSEILS DE DIÉTÉTICIENNE *POUR BIEN MANGER SANS PRENDRE DE POIDS*

Mettez-vous à table

Je ne vous le dirai jamais assez : pour ne pas prendre de poids, il faut manger régulièrement, de tout et avec plaisir.
Et il suffit de respecter mes trois règles d'or :

– **1.** Prenez le temps de vous mettre à table pour faire un vrai repas, plutôt que d'avaler n'importe quoi en marchant.

– **2.** Apprenez à manger lentement. Mastiquez chaque bouchée, faites des pauses, éteignez la télévision, fermez votre magazine ou votre livre… afin de savourer les aliments et d'en apprécier toutes les qualités. Je vous promets que de cette façon vous réduirez peu à peu les quantités sans même vous en rendre compte !

– **3.** Structurez vos repas : 1 entrée + 1 plat principal + 1 dessert vous permettront de vous sentir rassasié et de ne plus avoir de fringales à n'importe quelle heure du jour.

Apprenez à bien cuisiner

Pour bien cuisiner, vous n'avez pas besoin d'être un « cordon-bleu » ! L'un de mes secrets pour une alimentation saine et équilibrée ? Les ustensiles et les modes de cuisson qui limitent l'emploi de matières grasses tout en préservant la saveur des aliments.

Mes ustensiles malins	
La poêle anti-adhésive et le gril	Pour cuire des viandes, grillades, omelettes, poissons… sans ajout de matière grasse
Le cuiseur-vapeur ou l'autocuiseur	Pour cuire des légumes verts, pommes de terre, poissons entiers…
Le four	Pour cuire des poissons en papillote, des pommes noisette ou des frites, des nems…
Le four à micro-ondes	Pour réchauffer les restes sans ajouter de matière grasse
Le wok	Pour réaliser des légumes sautés ou des préparations asiatiques
La plancha	Pour cuire des petites pièces de viande ou de poisson, des légumes…
Le pinceau et le papier absorbant	Pour graisser les poêles en limitant la matière grasse
Le papier d'aluminium	Pour cuire des poissons en papillote
Le papier sulfurisé	Pour réchauffer les quiches, tartes, nems… sans qu'ils collent à la plaque

Mes conseils pour ne pas prendre de poids

- Limitez les fritures et le rissolage.
- Accompagnez les quiches, pizzas et tourtes de salade ou de crudités.
- Apprenez à repérer les aliments gras : charcuterie, fromage, frites, beignets et n'en prenez jamais deux au cours d'un même repas.
- Préférez les frites au four aux frites traditionnelles.

On a le droit de craquer

Un petit creux en dehors des repas, ça peut toujours arriver et ce n'est pas un drame ! Comblez-le de préférence avec un fruit ou même deux biscuits, ça vaut mieux que de vous jeter sur la nourriture au moment du repas ou de grignoter n'importe quoi nerveusement pour patienter. Picorez des bâtonnets de légumes ou de surimi, des tomates cerise, des cubes de melon, des grains de raisins… Aucune incidence sur votre poids !

Toutes les exceptions sont permises

Bien sûr il est important de veiller à avoir une alimentation saine et variée le plus régulièrement possible. Mais l'équilibre alimentaire ne se construit pas en un jour. Cela signifie que vous pouvez parfaitement faire un repas très riche lors d'une invitation par exemple : ça n'aura aucune conséquence sur votre poids et sur votre forme si vous mangez plus légèrement le lendemain.

En résumé

- Manger avec plaisir sans prendre de poids, c'est possible !
- Se régaler en diversifiant son alimentation, c'est possible !
- Rester mince ou perdre du poids en étant gourmand, c'est possible !

Recettes

Shiitakés froids

Préparation 20 minutes
Cuisson 15 minutes
Coût*
Difficulté**

LES INGRÉDIENTS POUR 4 PERSONNES

500 g de beaux shiitakés frais
2 oignons rouges
1 cuil. à café de gingembre frais
1 cuil. à café de miso (facultatif)
1 cuil. à soupe de sucre en poudre
5 cl de sauce soja
1 botte de ciboulette
3 cuil. à soupe d'huile de sésame
Poivre noir

Un menu équilibré au bureau

Shiitakés froids
Pita au saumon (recette p. 80)
Yaourt nature

Info santé

Les shiitakés sont des champignons très riches en substances antioxydantes qui protègent l'organisme des maladies cardiovasculaires et de certains cancers.

1 Choisissez de beaux shiitakés avec des chapeaux fermes et d'une couleur marron foncé uniforme. Avec un petit couteau, sectionnez et éliminez les queues. Épluchez les oignons et coupez-les finement.

2 Disposez les champignons dans une assiette et faites-les cuire 15 min à la vapeur. Au terme de la cuisson, les champignons doivent être tendres, parfumés et avoir gardé une texture légèrement ferme et agréable.

3 Assemblez les champignons cuits, les oignons, le gingembre haché, le miso, le sucre, le soja et 1 ou 2 cuil. à soupe d'eau froide. Poivrez et mélangez. Finissez en incorporant la ciboulette hachée et l'huile de sésame. Dégustez tiède ou froid.

Terrine de carotte au gingembre

Préparation 30 minutes
Cuisson 1 heure 15
Repos 24 heures
Coût*
Difficulté*

LES INGRÉDIENTS POUR 1 TERRINE DE 1 KG

1,2 kg de carottes
50 g de gingembre frais
3 œufs
2 cuil. à soupe de crème fraîche
Beurre pour le moule
Sel, poivre

Un menu équilibré au bureau

1 belle part de terrine de carotte au gingembre
Salade de riz, thon, œuf dur, tomate, gouda et maïs
Compote de pommes

Bon à savoir

Les carottes sont riches en provitamine A, bonne pour la vision et pour la peau.

1 Épluchez les carottes, puis coupez-les en tranches les plus fines possible (pour qu'elles cuisent vite). Faites-les cuire à la vapeur ou à l'eau bouillante. Elles doivent être bien molles, surtout pas croquantes. Égouttez et laissez refroidir. Épluchez, puis râpez finement le gingembre.

2 Mixez finement les carottes. Mélangez la purée obtenue avec le gingembre, les œufs, la crème fraîche, du sel et du poivre.

3 Beurrez généreusement un moule ou chemisez-le d'une couche de papier alimentaire. Remplissez la terrine de farce à la carotte.

4 Lissez la surface. Recouvrez-la de deux couches de papier d'aluminium beurré. Posez la terrine dans un plat assez profond, remplissez d'eau très chaude et enfournez à 140 °C (th. 4-5) pour 1 h 15 de cuisson. Laissez refroidir et placez au réfrigérateur au moins 24 h avant de démouler et de couper en tranches.

Salade merveilleuse sucré-salé

Préparation 30 minutes
Coût**
Difficulté**

LES INGRÉDIENTS POUR 4 PERSONNES

1 mangue
1 papaye
1 avocat
100 g d'ananas
100 g de framboises
1 petit bouquet de coriandre
50 g de noix concassées
50 g de fromage bleu allégé
Poivre

Pour la sauce

1 cuil. à soupe de moutarde à l'ancienne
1 cuil. à soupe de vinaigre de framboise
2 cuil. à soupe d'huile d'olive
15 cl de jus d'orange frais
Sel

Un menu équilibré au bureau

Rosbif froid
Salade merveilleuse sucré-salé
1 petit pain au sésame
Yaourt à boire aux framboises

1 Pelez la mangue, la papaye et l'avocat, puis coupez la chair de tous ces fruits en dés. Coupez l'ananas en dés également. Versez tout dans un saladier. Ajoutez les framboises (sauf 6 que vous garderez pour la sauce) et la coriandre finement coupée. Poivrez.

2 Dans un bol, mélangez la moutarde, le vinaigre et 1 pincée de sel. Écrasez les 6 framboises restantes et ajoutez-les dans le bol. Ajoutez l'huile d'olive et le jus d'orange. Fouettez la sauce.

3 Versez la sauce sur le mélange de fruits et mélangez délicatement. Ajoutez les noix concassées et le bleu émietté. Dégustez bien frais.

(Voir photo en couverture)

Salade de roquette et pastèque au sésame

Préparation 20 minutes
Coût**
Difficulté*

LES INGRÉDIENTS POUR 4 PERSONNES

¼ de pastèque
1 pomme
½ concombre
125 g de roquette
½ bouquet de coriandre
100 g de feta
2 cuil. à soupe de graines de sésame

Pour la sauce

1 cuil. à soupe de moutarde
1 cuil. à soupe de sauce soja
1 cuil. à soupe de vinaigre balsamique
2 cuil. à soupe d'huile d'olive
1 cuil. à soupe d'huile de sésame
Sel, poivre

Un menu équilibré au bureau

Poulet froid
Salade de roquette et pastèque au sésame
Muffin aux fruits secs (recette p. 109)

1 Préparez la sauce : dans un bol, mélangez la moutarde, la sauce soja et le vinaigre balsamique. Salez et poivrez, puis versez les huiles tout en fouettant.

2 Ôtez la peau de la pastèque et coupez la chair en petits cubes. Pelez la pomme, enlevez le cœur et coupez les quartiers en fines lamelles. Pelez le concombre, coupez-le en deux dans le sens de la longueur, ôtez les graines et tranchez-le en fines lamelles. Versez tous ces fruits et légumes dans un saladier.

3 Ajoutez la roquette, la coriandre grossièrement coupée, la feta émiettée et les graines de sésame. Arrosez de sauce et mélangez.

Hachis de légumes à la coriandre

Préparation 35 minutes
Cuisson 15 minutes
Coût**
Difficulté**

LES INGRÉDIENTS POUR 6 PERSONNES

4 tomates
2 oignons blancs
3 poivrons (vert, jaune, rouge)
4 courgettes
2 gousses d'ail
2 bottes de coriandre
Le jus de 1 citron
6 cuil. à soupe d'huile d'olive
+ pour la cuisson
Sel, poivre

Un menu équilibré au bureau

Rôti de porc froid
Hachis de légumes à la coriandre
Clafoutis aux framboises
et au miel (recette p. 112)

1 Plongez les tomates dans de l'eau bouillante quelques instants, pelez-les et coupez-les en petits cubes. Épluchez les oignons, épépinez les poivrons, coupez les extrémités des courgettes et lavez-les. Épluchez l'ail. Effeuillez la coriandre.

2 Avec un couteau ou un mixeur, hachez finement tous les légumes (sans les transformer en bouillie : les morceaux doivent être perceptibles). Faites chauffer de l'huile d'olive dans une très grande poêle, ajoutez les oignons et laissez cuire 5 min. Ajoutez les poivrons, laissez cuire 5 min, puis incorporez les courgettes et l'ail. Salez, poivrez et faites cuire 5 min à feu assez soutenu. Les légumes doivent rester un peu croquants. Versez-les dans un plat et laissez refroidir.

3 Hachez la coriandre. Ajoutez-la aux légumes avec les tomates, le jus de citron et les 6 cuil. à soupe d'huile d'olive. Dégustez très frais.

Lentilles aux noix en salade

Préparation 35 minutes
Cuisson 35 minutes
Coût*
Difficulté*

LES INGRÉDIENTS POUR 6 PERSONNES

500 g de lentilles vertes
80 g de cerneaux de noix

Pour la vinaigrette
3 cuil. à soupe de vinaigre de Xérès
8 cuil. à soupe d'huile de noix
1 botte de ciboulette
Sel, poivre noir

Un menu équilibré au bureau

Tomate à la croque
Lentilles aux noix en salade
Fromage blanc en faisselle
Compote pomme-banane

Bon à savoir

Les lentilles sont riches en protéines et peuvent ainsi remplacer la part de viande ou de poisson.

1 Dans une casserole, versez 3 l d'eau froide et ajoutez les lentilles. Portez à ébullition et laissez cuire à petit feu pendant 30 à 35 min. Les lentilles doivent être tendres mais ne pas s'écraser. Égouttez les lentilles cuites. Placez-les ensuite dans un saladier.

2 Dans un bol, mélangez le vinaigre de Xérès et l'huile de noix. Salez et poivrez à votre goût, puis fouettez pour obtenir un mélange homogène. Hachez les cerneaux de noix et la botte de ciboulette.

3 Mélangez les lentilles cuites, les noix hachées, la vinaigrette et la ciboulette hachée.

Salade de fenouil et de pommes à l'orange

Préparation 15 minutes
Repos 15 minutes
Coût*
Difficulté*

LES INGRÉDIENTS POUR 4 PERSONNES
4 bulbes de fenouil frais
2 pommes granny-smith
1 botte d'aneth (facultatif)
Le jus de 1 citron vert

Pour la sauce
1 orange
1 petit oignon rouge
4 cuil. à soupe d'huile d'olive
Sel, poivre

Un menu équilibré au bureau
Salade de fenouil et de pommes à l'orange
Club sandwich au poulet (recette p. 78)
Yaourt brassé nature

Bon à savoir
Les salades ne font pas prendre de poids à condition de modérer la quantité d'assaisonnement !

1 Éliminez la première couche de peau des bulbes de fenouil et coupez leur base pour enlever la racine, si elle s'y trouve. Éliminez aussi le sommet et ses petites pointes vertes. Pelez les pommes, coupez-les en quartiers et éliminez les pépins. Coupez finement l'aneth.

2 Avec un couteau, ou éventuellement une râpe, coupez le fenouil et les pommes en bâtonnets assez fins. Versez-les dans un saladier, ajoutez en mélangeant le jus du citron vert et l'aneth coupé.

3 Pressez l'orange. Épluchez l'oignon et coupez-le en petits dés. Dans un bol, fouettez ensemble le jus d'orange, les dés d'oignon et l'huile d'olive. Salez et poivrez. Versez cette vinaigrette sur les fenouils et les pommes et mélangez. Laissez reposer (minimum 15 min).

Salade de cocos au thon

Préparation 20 minutes
Trempage 12 heures
Cuisson 35 minutes
Coût*
Difficulté*

LES INGRÉDIENTS POUR 4 PERSONNES

100 g de haricots coco (secs)
1 œuf
1 grosse boîte de thon au naturel
8 brins de persil plat
1 oignon blanc
1 petite barquette de tomates cerise (250 g)
1 cœur de laitue
20 cl de crème fraîche liquide à 15 % de matière grasse
1 cuil. à soupe bombée de moutarde forte
1 cuil. à soupe de vinaigre de vin aromatisé à la framboise
Sel, poivre blanc

Un menu équilibré au bureau

Salade de cocos au thon
Yaourt aux fruits
Pomme

Info santé

Les haricots secs sont riches en fibres, en potassium et en magnésium.

1 La veille au soir, mettez les cocos à tremper dans un saladier rempli d'eau.

2 Le jour même, faites cuire les haricots coco dans 3 fois leur volume d'eau pendant 25 min à l'autocuiseur, à partir de la rotation de la soupape. Égouttez-les et laissez refroidir dans un saladier.

3 Faites cuire l'œuf 10 min dans une casserole d'eau, puis écalez-le et laissez-le refroidir. Égouttez le thon et émiettez-le. Lavez et hachez le persil. Pelez et hachez l'oignon blanc. Lavez les tomates cerise et coupez-les en deux. Mettez le tout dans le saladier.

4 Lavez la laitue dans de l'eau froide vinaigrée. Essorez-la et ciselez-en quelques feuilles, puis ajoutez-les aux haricots coco.

5 Mélangez la crème fraîche avec la moutarde, puis ajoutez le vinaigre. Salez et poivrez. Ajoutez la sauce à la salade de cocos. Mélangez bien. Écrasez l'œuf dur et versez sur la salade. Gardez au réfrigérateur jusqu'au moment du repas.

Salade de chou rouge aux raisins

Préparation 25 minutes
Repos 1 heure
Coût*
Difficulté*

LES INGRÉDIENTS POUR 4 PERSONNES

½ chou rouge (plus ou moins selon sa taille)
2 branches de céleri
100 g de raisins secs
80 g de cerneaux de noix
1 cuil. à soupe de graines de sésame
1 botte de ciboulette

Pour la vinaigrette
1 échalote
3 cuil. à soupe de vinaigre de Xérès
6 cuil. à soupe d'huile d'olive
1 cuil. à soupe de miel
Sel, poivre

Un menu équilibré au bureau

Salade de chou rouge aux raisins
Bœuf rôti et mariné (recette p. 100)
1 petit pain au pavot
Fromage blanc nature

1 Avec un couteau en acier inoxydable, ou mieux, avec un robot électrique, émincez finement le chou rouge et les branches de céleri. Placez-les dans un saladier et ajoutez les raisins secs, les cerneaux de noix et les graines de sésame. Mélangez bien.

2 Épluchez l'échalote et hachez-la finement. Dans un saladier, fouettez un instant le vinaigre, l'huile d'olive, le miel et l'échalote. Salez et poivrez.

3 Ajoutez cette vinaigrette aux légumes et mélangez. Goûtez, rectifiez l'assaisonnement en sel et poivre et laissez reposer 1 h.

4 Hachez la ciboulette et parsemez-en le chou avant de déguster.

Salade de pâtes papillon aux légumes rôtis

Préparation 35 minutes
Cuisson 35 minutes
Coût*
Difficulté*

LES INGRÉDIENTS POUR 8 À 10 PERSONNES

200 g de pâtes papillon
1 betterave rouge moyenne
½ boule de céleri
2 carottes
1 courgette
1 bulbe de fenouil
2 oignons rouges
2 oignons blancs
Huile d'olive
Gros sel, poivre

Pour la sauce

8 cuil. à soupe d'huile d'olive
Le jus de 3 citrons verts
1 botte de coriandre
½ piment frais (facultatif)
Sel

Un menu équilibré au bureau

Jambon blanc
Salade de pâtes papillon aux légumes rôtis
Yaourt aux fruits

1 Faites cuire les pâtes dans une grande casserole d'eau bouillante salée puis égouttez-les. Refroidissez rapidement les pâtes à l'eau froide, puis laissez-les s'égoutter dans une passoire.

2 Préparez les légumes : épluchez la betterave, le céleri et les carottes. Lavez la courgette, coupez les extrémités. Coupez les légumes en tranches ne dépassant pas 1 cm. Éliminez les tiges du fenouil, coupez-le en tranches. Épluchez les oignons et coupez-les de la même manière.

3 Placez les légumes dans un grand saladier, salez au gros sel, poivrez, ajoutez un bon trait d'huile d'olive et mélangez. Étalez ensuite les légumes assaisonnés sur la plaque du four. Enfournez les légumes à 220 °C (th. 7-8) et laissez-les cuire 35 min, puis laissez-les refroidir.

4 Préparez la sauce en assemblant l'huile d'olive, le jus de citron, la coriandre et le piment hachés et du sel. Mélangez les légumes, les pâtes et la sauce. Salez et poivrez si nécessaire. Dégustez frais.

Houmous de brocolis épicé

Préparation 10 minutes
Cuisson 10 minutes
Coût*
Difficulté*

LES INGRÉDIENTS POUR 4 PERSONNES

600 g de brocolis
2 cuil. à soupe d'huile d'olive
1 cuil. à café de cumin en poudre
½ cuil. à café de poudre de chili
1 cuil. à café de curry
2 cuil. à soupe de crème fraîche épaisse
Paprika doux
Sel

Un menu équilibré au bureau

Taboulé au poulet
Houmous de brocolis épicé
+ crakers au sésame
Fromage blanc en faisselle

Bon à savoir

Vous pouvez aussi servir le houmous de brocolis en apéritif, avec des chips de maïs ou avec des gressins.

Astuce

Préparez cette recette la veille pour avoir une préparation bien froide.

1 Séparez les bouquets du brocoli et lavez-les. Faites-les cuire à la vapeur dans le panier de l'autocuiseur. Comptez 5 min après la rotation de la soupape, puis arrêtez la cuisson.

2 Mixez les brocolis avec l'huile d'olive. Ajoutez le cumin, la poudre de chili et le curry. Salez et incorporez la crème fraîche.

3 Versez la préparation dans des petits ramequins en terre cuite et saupoudrez de paprika doux. Couvrez et mettez au réfrigérateur. Consommez bien frais.

Clafoutis de courgettes, chèvre frais et basilic

Préparation 20 minutes
Cuisson 35 minutes
Coût**
Difficulté*

LES INGRÉDIENTS POUR 4 PERSONNES
800 g de courgettes
3 œufs
25 cl de lait demi-écrémé
100 g de chèvre frais
(type Petit Billy ou Chèvretine)
½ bouquet de basilic
1 noix de beurre pour le moule
Sel, poivre moulu

Un menu équilibré au bureau
Rôti de porc froid
Clafoutis de courgettes, chèvre frais et basilic
Nectarine

Le saviez-vous ?
Le chèvre frais fait partie des fromages les plus maigres (15 % de matières grasses en moyenne).

1 Préchauffez le four à 200 °C (th. 6-7) et beurrez un plat à gratin.

2 Lavez les courgettes, enlevez les extrémités, puis épluchez-les et coupez-les en petits cubes. Faites-les cuire dans le panier d'un autocuiseur 5 min après rotation de la soupape.

3 Cassez les œufs dans un saladier. Battez-les en omelette puis ajoutez le lait. Salez et poivrez.

4 Émiettez grossièrement le chèvre frais. Versez les courgettes dans le plat à gratin et parsemez de chèvre frais. Lavez le basilic et ciselez-le. Saupoudrez de basilic et ajoutez le mélange d'œufs et de lait. Enfournez 30 à 35 minutes. Dégustez tiède ou froid.

Taboulé

Préparation 15 minutes
Repos 2 heures
Coût*
Difficulté*

LES INGRÉDIENTS POUR 4 À 6 PERSONNES

25 g de raisins secs blonds
200 g de semoule moyenne
1 cube de bouillon
3 tomates
½ concombre
1 botte de cerfeuil
2 oignons nouveaux
Le jus de 2 citrons
4 cuil. à soupe d'huile d'olive
Sel, poivre

Un menu équilibré au bureau

Taboulé
Saumon froid mariné à l'aneth (recette p. 104)
Fromage blanc
Cerises

Pour varier

Vous pouvez ajouter des cubes de poulet froid ou des crevettes pour obtenir un plat complet.

1 Mettez les raisins à gonfler dans un peu d'eau chaude. Versez la semoule dans un saladier.

2 Dans une casserole, portez à ébullition 25 cl d'eau, le cube de bouillon et 2 cuil. à soupe d'huile d'olive. Versez sur la semoule, remuez, couvrez et laissez gonfler 5 min.

3 Détachez les grains à la fourchette et laissez refroidir au réfrigérateur.

4 Lavez les tomates et le concombre, puis coupez-les en dés. Coupez finement le cerfeuil et les petits oignons. Ajoutez tous ces ingrédients dans le saladier avec le jus des citrons et le reste d'huile d'olive. Salez et poivrez. Mélangez et placez au réfrigérateur au moins 2 h avant de déguster bien frais.

Tomates, crevettes marinées, pignons et basilic

Préparation 15 minutes
Cuisson 1 à 2 minutes
Marinade 1 heure
Coût*
Difficulté*

LES INGRÉDIENTS POUR 4 PERSONNES

400 g de queues de crevettes crues surgelées
1 botte de basilic
6 belles tomates
4 oignons nouveaux
Huile d'olive pour la cuisson
Sel, poivre

Pour la sauce

1 gousse d'ail nouveau
2 cuil. à soupe de vinaigre de Xérès
2 cuil. à soupe de pignons de pin
5 cuil. à soupe d'huile d'olive vierge
1 cuil. à soupe de gingembre frais haché
30 g d'olives noires
1 botte de basilic
Sel, poivre noir

Un menu équilibré au bureau

Tomates, crevettse marinées, pignons et basilic
1 part de cake jambon-emmental (recette p. 90)
Pomme

1 Décortiquez les queues de crevettes décongelées. Détachez et hachez les feuilles du basilic. Mélangez avec les crevettes, salez et poivrez. Faites-les sauter 1 ou 2 min environ dans une poêle à feu vif dans un peu d'huile d'olive, puis mettez-les de côté.

2 Faites bouillir une casserole d'eau. Plongez-y les tomates pendant 10 sec, égouttez-les et plongez-les dans de l'eau froide pour les faire refroidir. Sortez-les de l'eau, pelez-les puis coupez-les en quartiers. Émincez les oignons. Placez les tomates dans un récipient pouvant fermer hermétiquement et recouvrez-les avec les oignons et les crevettes.

3 Préparez la sauce : pelez et hachez l'ail. Dans un mixeur, assemblez tous les ingrédients et réduisez-les en une vinaigrette bien fine. Salez, poivrez, versez sur les tomates et les crevettes. Mélangez délicatement, laissez mariner pendant 1 h dans le récipient bien fermé.

Aubergines et poivrons rôtis marinés

Préparation 20 minutes
Cuisson 40 minutes
Coût*
Difficulté*

LES INGRÉDIENTS POUR 4 PERSONNES

4 poivrons (rouges, verts, jaunes)
2 aubergines
1 botte de persil plat

Pour la sauce
1 gousse d'ail
2 cuil. à soupe de vinaigre de vin
1 cuil. à café de miel
2 cuil. à soupe d'huile de colza
2 cuil. à soupe d'huile de noix
Sel, poivre noir

Un menu équilibré au bureau

Aubergines et poivrons rôtis marinés
Club sandwich au poulet (recette p. 78)
Flan vanille

1 Allumez le four en position gril. Éliminez la tige des poivrons, coupez-les en deux dans la longueur et éliminez tous leurs pépins. Posez les poivrons sur la plaque du four, côté peau vers le haut. Laissez-les noircir pendant 5 min environ, puis sortez-les et laissez-les refroidir sur la plaque. Coupez-les ensuite en lanières.

2 Préchauffez le four à 200 °C (th 6-7). Éliminez l'extrémité verte des aubergines, puis coupez-les dans la longueur en tranches de 1 cm d'épaisseur environ. Posez ces tranches sur une grille et faites cuire au four 35 min. Sortez du four et laissez refroidir. Éliminez la peau et coupez la chair en cubes. Hachez le persil.

3 Pelez et hachez la gousse d'ail. Dans un saladier, assemblez le vinaigre, le miel, l'huile de colza, l'huile de noix et l'ail. Salez, poivrez et fouettez le tout pendant quelques secondes afin d'obtenir une vinaigrette bien homogène. Ajoutez les lanières de poivrons et les cubes d'aubergines. Dégustez frais en saupoudrant de persil haché.

Légumes vinaigrés à l'italienne

Préparation 25 minutes
Cuisson 20 minutes
Coût*
Difficulté**

LES INGRÉDIENTS POUR 4 À 6 PERSONNES

2 oignons rouges
2 oignons blancs
1 beau bulbe de fenouil
4 branches de céleri
1 poivron jaune
1 poivron rouge
6 cuil. à soupe de vinaigre blanc
Huile d'olive pour la poêle
Sel, poivre

Un menu équilibré au bureau

Légumes vinaigrés à l'italienne
Salade de pommes de terre, œufs durs et gouda au cumin
Poire

1 Épluchez les oignons. Lavez le fenouil et éliminez ses tiges vertes. Lavez les branches de céleri. Épépinez les poivrons. Avec un couteau, détaillez tous ces légumes, oignons compris, en lanières de la taille du petit doigt, approximativement.

2 Faites chauffer à feu doux un bon fond d'huile d'olive dans une poêle. Mettez les oignons et laissez cuire 5 min en remuant. Ajoutez le fenouil, le céleri et les poivrons. Salez, poivrez et faites cuire à couvert pendant 10 min en remuant de temps en temps. Attention : les légumes ne doivent pas colorer mais cuire lentement. Salez, poivrez et ajoutez le vinaigre. Couvrez à nouveau, poursuivez la cuisson encore 5 min.

3 Goûtez les légumes : ils doivent rester légèrement croquants et être agréablement acidulés. Sortez-les de la poêle et laissez-les refroidir.

4 Au moment de les déguster, mélangez-les avec un peu d'huile d'olive et, en option, un peu de basilic et/ou d'ail frais haché(s), mais aussi des câpres ou des anchois à l'huile.

Terrine de légumes 3 couleurs

Préparation 40 minutes
Cuisson 1 heure 15
Coût*
Difficulté***

LES INGRÉDIENTS POUR 1 TERRINE DE 1 KG

350 g de courgettes
350 g de carottes
400 g d'épinards
3 œufs
3 cuil. à soupe de Maïzena®
3 cuil. à soupe de crème fraîche
3 pincées de noix muscade
1 noix de beurre pour le moule
Sel, poivre

Un menu équilibré au bureau

Jambon de Bayonne
Terrine de légumes aux 3 couleurs
Flan pâtissier aux poires

Bon à savoir

Cette recette de terrine de légumes contient moins de 5 % de matières grasses !

1 Coupez les extrémités des courgettes, lavez-les et essuyez-les. Épluchez les carottes. Équeutez les épinards, lavez-les puis essorez-les. Coupez les courgettes et les carottes en fines tranches.

2 Faites bouillir de l'eau salée. Faites cuire les courgettes 3 ou 4 min, puis plongez-les dans de l'eau froide. Égouttez-les. Faîtes de même pour les carottes et les épinards. Passez les légumes dans une essoreuse à salade pour en éliminer l'eau.

3 Mixez successivement les légumes, puis placez-les dans trois saladiers. Ajoutez dans chaque saladier 1 œuf, 1 cuil. à soupe de Maïzena®, 1 cuil. à soupe de crème fraîche, 1 pincée de noix muscade, du sel et du poivre. Mélangez bien.

4 Beurrez une terrine rectangulaire. Versez-y la farce aux épinards sans toucher les parois. Délicatement, déposez par-dessus la farce aux courgettes. Lissez et recouvrez de farce aux carottes. Lissez. Recouvrez de 2 couches de papier d'aluminium beurré. Posez la terrine dans un plat profond, remplissez d'eau chaude et enfournez à 140 °C (th. 5) pour 1 h 15 de bain-marie. Laissez refroidir et placez au frais.

Pâté d'épinard à la muscade

Préparation 30 minutes
Cuisson 1 heure 15
Coût**
Difficulté**

LES INGRÉDIENTS POUR 1 TERRINE DE 1 KG

1,2 kg d'épinards
3 œufs
1 cuil. à soupe de Maïzena®
3 belles cuil. à soupe de crème fraîche
30 g de beurre fondu
5 pincées de noix muscade
1 noix de beurre pour le moule
Sel, poivre

Un menu équilibré au bureau

Œufs durs sauce crudités
Pâté d'épinard à la muscade
1 petit pain aux céréales
Yaourt à boire à la vanille

Idée reçue

Les épinards ne sont pas très riches en fer mais ils renferment bien d'autres éléments intéressants pour la santé : fibres, potassium, vitamine B9, etc.

1 Équeutez les épinards, lavez-les puis essorez-les. Faites bouillir un bon volume d'eau salée. Faites cuire les épinards 1 min environ, pas plus. Égouttez-les et rincez-les à l'eau froide pour stopper la cuisson. Égouttez-les à nouveau, puis passez-les dans une essoreuse à salade pour éliminer le plus d'eau possible.

2 Mixez les épinards, puis placez la purée obtenue dans un saladier. Ajoutez les œufs, la Maïzena®, la crème fraîche, le beurre fondu, la noix muscade, du sel et du poivre. Mélangez bien.

3 Beurrez une terrine de taille adaptée. Versez la farce aux épinards. Lissez la surface. Recouvrez d'une feuille de papier d'aluminium beurrée. Posez la terrine dans un plat assez profond, remplissez d'eau très chaude et enfournez à 140 °C (th. 4-5) pour 1 h 15 de cuisson. Laissez refroidir et placez au réfrigérateur.

Tartare de tomates et blé au fromage frais

Préparation 25 minutes
Cuisson 10 minutes
Réfrigération 1 heure
Coût*
Difficulté*

LES INGRÉDIENTS POUR 4 PERSONNES

200 g de blé nature
4 belles tomates
8 cornichons
2 petites échalotes
1 cuil. à café de moutarde fine
5 brins de ciboulette
1 petit-suisse nature
100 g de chèvre frais
1 cuil. à soupe de vinaigre balsamique
3 cuil. à soupe d'huile d'olive
Sel, poivre

Un menu équilibré au bureau

Poulet froid
Tartare de tomates et blé au fromage frais
Prunes

1 Faites cuire le blé à l'eau bouillante salée pendant 10 min, puis égouttez-le et passez-le sous l'eau froide. Lavez et coupez les tomates, ôtez les pépins et coupez la chair en petits cubes.

2 Hachez les cornichons et les échalotes, puis mélangez les tomates, les cornichons et les échalotes dans un saladier. Ajoutez la moutarde, le vinaigre balsamique, l'huile d'olive, du sel et du poivre. Mélangez bien.

3 Lavez et ciselez la ciboulette. Dans un ramequin, mélangez le petit-suisse, le chèvre frais et la ciboulette. Salez et poivrez, puis ajoutez le blé cuit. Mélangez bien.

4 Placez le blé dans quatre verres assez larges (ou dans un grand saladier en verre) et recouvrez de tartare de tomates. Placez les verres au réfrigérateur 1 heure au minimum. Consommez très frais.

Quiche à la ratatouille

Préparation 15 minutes
Cuisson 35 minutes
Coût*
Difficulté*

LES INGRÉDIENTS POUR 4 À 6 PERSONNES

1 rouleau de pâte feuilletée
3 œufs
10 cl de lait
10 olives noires
500 g de reste de ratatouille
100 g de chèvre frais (type Chavroux)
70 g de gruyère râpé
Sel

Un menu équilibré au bureau

Gigot d'agneau froid
Quiche à la ratatouille
Banane

Bon à savoir

Vous pouvez réaliser cette quiche à partir de ratatouille cuisinée surgelée : préparez la ratatouille selon le mode d'emploi indiqué sur le sachet et n'ajoutez pas de sel dans la quiche.

1 Préchauffez le four à 180 °C (th. 6). Étalez la pâte feuilletée sur un plat à tarte et piquez-la à l'aide d'une fourchette.

2 Dans un saladier, cassez les œufs et battez-les avec une fourchette, puis ajoutez le lait. Salez légèrement et mélangez bien. Coupez les olives en deux et enlevez les noyaux.

3 Disposez la ratatouille sur le fond de pâte. Parsemez de chèvre frais et de morceaux d'olives. Ajoutez lentement le mélange d'œufs et de lait et terminez par le gruyère râpé. Enfournez pour 35 min de cuisson.

Club sandwich au poulet

Préparation 15 minutes
Cuisson 15 minutes
Coût*
Difficulté*

LES INGRÉDIENTS POUR 8 PERSONNES

2 blancs de poulet
8 tranches de bacon
4 cuil. à soupe de mayonnaise
2 œufs durs
1 cuil. à soupe de ciboulette ciselée
16 tranches de pain de mie
1 belle tomate ou 2 plus petites
1 cuil. à soupe d'huile d'olive pour la poêle
Sel, poivre du moulin

Un menu équilibré au bureau

Salade de roquette aux pignons grillés
Club sandwich au poulet
Yaourt nature

Astuce

Utilisez de la mayonnaise allégée ou remplacez-la par du fromage frais si vous préférez obtenir des sandwichs plus légers.

1 Faites chauffer l'huile d'olive dans une poêle et faites cuire les blancs de poulet 5 min environ sur chaque face. Salez et laissez tiédir sur une assiette. Dans la poêle bien chaude, faites cuire les tranches de bacon pendant 2 min environ ; elles doivent être croustillantes.

2 Mélangez 1 cuil. à soupe de mayonnaise, les œufs durs écrasés à la fourchette et la ciboulette ciselée. Poivrez.

3 Ôtez la croûte des tranches de pain et toastez-les à puissance moyenne. Coupez les blancs de poulet en fines lamelles avec un couteau tranchant. Lavez et séchez les tomates et coupez-les en tranches fines.

4 Préparez les sandwichs : tartinez de mayonnaise une première tranche de pain toastée. Recouvrez-la de lamelles de poulet puis d'une deuxième tranche de pain. Recouvrez d'œuf dur mayonnaise, puis d'une autre tranche de pain. Tartinez de mayonnaise, puis ajoutez des lamelles de tomate et 2 lamelles de bacon. Terminez par une dernière tranche de pain. Coupez le sandwich en deux triangles et maintenez avec des piques en bois si nécessaire.

Pita au saumon

Préparation 15 minutes
Coût**
Difficulté*

LES INGRÉDIENTS POUR 4 PERSONNES
200 g de feta (à l'huile en bocal)
10 radis roses
10 cm de concombre
4 pitas
4 tranches de saumon fumé
Poivre du moulin

Un menu équilibré au bureau
Pita au saumon
Salade d'endives
Clémentines

Pour varier
Remplacez le saumon fumé par du jambon blanc ou fumé.

1 Égouttez les cubes de feta. Lavez les crudités et coupez-les finement.

2 Passez les pitas 30 sec au four à micro-ondes pour les ramollir. Ouvrez-les sur un tiers de leur pourtour. Garnissez chacune d'elles de 1 tranche de saumon fumé, puis répartissez les cubes de feta et les lamelles de crudités dans les 4 pitas. Poivrez.

Club crudités

Préparation 15 minutes
Cuisson 5 minutes
Coût*
Difficulté*

LES INGRÉDIENTS POUR 4 PERSONNES

½ concombre
2 tomates bien fermes
1 carotte
50 g de radis noir
1 barquette de Saint-Môret®
1 petite échalote
2 cuil. à soupe de ciboulette ciselée
1 cuil. à soupe de cerfeuil ciselé
12 tranches de pain de mie complet
Sel, poivre du moulin

Un menu équilibré au bureau

Bâtonnets de surimi à croquer
Club crudités
Pomme

Pour varier

Ajoutez des miettes de thon ou des rondelles d'œufs durs si vous voulez obtenir des sandwichs plus complets.

1 Détaillez le demi-concombre en tranches aussi fines que possible. Pour cela, utilisez de préférence une mandoline. Lavez et séchez les tomates et coupez-les en fines lamelles. Pelez la carotte et le radis noir, puis coupez-les également en fines lamelles.

2 Dans un bol, mélangez le Saint-Môret®, les herbes et l'échalote pelée et émincée finement. Salez, poivrez et mélangez à la fourchette.

3 Toastez les tranches de pain à puissance moyenne. Tartinez une tranche avec le mélange de Saint-Môret®, recouvrez de lamelles de tomate. Ajoutez sur le dessus une deuxième tranche de pain tartinée puis, successivement, des lamelles de concombre, de carotte et de radis. Fermez avec une dernière tranche tartinée, face beurrée en dessous. Coupez en deux et maintenez si nécessaire avec des piques en bois.

Sandwich grillé végétarien

Préparation 15 minutes
Repos 10 minutes
Cuisson 5 minutes
Coût*
Difficulté*

LES INGRÉDIENTS POUR 4 PERSONNES

1 aubergine
1 poivron rouge
8 belles tranches de pain aux céréales
2 branches de basilic
1 poignée de pousses d'épinard
1 cuil. à soupe de sel
1 filet d'huile d'olive
Poivre du moulin

Un menu équilibré au bureau

Sandwich grillé végétarien
Mini-brochettes de tomates cerise et feta
Compote pomme-mangue

Astuce

Accompagnez vos sandwichs végétariens de fromage pour éviter les petits creux dans l'après-midi !

1 Lavez et séchez l'aubergine et le poivron rouge. Coupez le poivron en deux, ôtez les graines et coupez-le en fines lamelles. Coupez également l'aubergine en fines rondelles. Étalez-les sur une planche et saupoudrez-les de sel. Après 10 min, rincez-les et séchez-les avec du papier absorbant.

2 Déposez les rondelles d'aubergine et les lamelles de poivron sur la lèchefrite du four recouverte de papier sulfurisé. Arrosez du filet d'huile d'olive et enfournez sous le gril 2 à 3 min de chaque côté. Surveillez de près !

3 Toastez les tranches de pain et garnissez-les de tranches d'aubergine et de lamelles de poivron. Ajoutez des feuilles de basilic ciselées et les pousses d'épinard, poivrez et refermez le sandwich.

Ciabatta

Préparation 10 minutes
Cuisson 2 minutes
Coût**
Difficulté*

LES INGRÉDIENTS POUR 4 PERSONNES

4 ciabattas ou pains au levain
200 g de carpaccio de bœuf
50 g de parmesan
4 cuil. à soupe de pesto
Sel, poivre du moulin

Un menu équilibré au bureau

Tomate à la croque
Ciabatta
Compote de fruits rouges et citronnelle (recette p. 110)

Pour varier

Remplacez le carpaccio de bœuf par du saumon fumé, le pesto par du tsatziki et le parmesan par du chèvre frais.

1 Coupez les pains en deux et passez-les 2 min sous le gril du four. Étalez les tranches de carpaccio afin de les saler et de les poivrer. Détaillez le bloc de parmesan en copeaux à l'aide d'un couteau économe.

2 Tartinez l'intérieur des pains chauds avec la sauce pesto, ajoutez les lamelles de carpaccio et les copeaux de parmesan. Refermez et dégustez.

Sandwich au saumon mariné

Préparation 25 minutes
Marinade 30 minutes
Coût**
Difficulté*

LES INGRÉDIENTS POUR 4 PERSONNES

400 g de saumon
1 botte d'aneth
Le jus de 1 citron
1 cuil. à café rase de sucre
1 cuil. à soupe rase de sel
4 cl d'huile d'olive
1 cuil. à soupe de moutarde
8 tranches de pain de mie
Poivre

Un menu équilibré au bureau

Sandwich au saumon mariné
Salade de roquette et pastèque au sésame (recette p. 53)
Yaourt nature

Bon à savoir

Le saumon n'est pas cuit dans cette recette, il est simplement mariné : choisissez-le extra-frais !

1 Coupez le saumon en huit tranches assez fines. Vous pouvez demander au poissonnier de le faire ; sinon, simplifiez-vous la tâche en coupant le saumon en petits dés.

2 Hachez l'aneth. Mélangez-le au jus de citron, puis avec le sucre, le sel et l'huile d'olive. Plongez le saumon dans cette sauce, poivrez et laissez mariner pendant 30 min au moins. Retirez alors le saumon et mélangez la moutarde à la marinade.

3 Tartinez cette sauce sur les tranches de pain de mie. Posez 2 tranches de saumon (ou des dés marinés) sur 4 tranches de pain. Recouvrez avec les autres tranches, pressez un peu et coupez les sandwichs en deux, dans la diagonale. Emballez-les dans du film alimentaire. Conservez au réfrigérateur et transportez dans une glacière.

Cake feta, tomates cerise et olives

Préparation 25 minutes
Cuisson 35 minutes
Coût*
Difficulté*

LES INGRÉDIENTS POUR 4 PERSONNES

16 tomates cerise
50 g d'olives noires dénoyautées
100 g de feta égouttée en cubes
1 cuil. à café d'origan sec
150 g de farine
1 sachet de levure
4 œufs
10 cl d'huile d'olive
10 cl de lait
1 noix de beurre pour le moule
Sel, poivre noir fraîchement moulu

Un menu équilibré au bureau

2 tranches de cake feta, tomates cerise et olives
Salade de tomates, concombre, cœurs de palmiers et maïs
Fromage blanc nature

Astuce

Pour ne pas prendre de poids, remplacez dans vos recettes de cake une partie du beurre ou de l'huile par du lait ou par du vin blanc.

1 Préchauffez le four à 180 °C (th. 6). Coupez les tomates cerise en deux. Rincez les olives noires et coupez-les en rondelles assez fines. Dans un saladier, mélangez les tomates, les olives, la feta et l'origan, puis laissez de côté, le temps de préparer la pâte.

2 Dans un autre saladier, mélangez la farine avec la levure, puis ajoutez les œufs, l'huile d'olive et le lait. Mélangez bien à l'aide d'un fouet pour obtenir une pâte homogène, lisse et sans grumeaux.

3 Versez cette pâte dans le saladier contenant le mélange aux tomates et remuez bien le tout avec une cuillère en bois pour répartir au mieux tous les ingrédients. Salez et poivrez.

4 Beurrez un moule et remplissez-le de pâte. Enfournez pour 35 min de cuisson environ. Vérifiez la cuisson du cake en le piquant avec la lame d'un couteau, celle-ci doit ressortir propre et sèche.

Cake jambon-emmental

Préparation 15 minutes
Cuisson 40 minutes
Coût*
Difficulté*

LES INGRÉDIENTS POUR 6 À 8 PERSONNES

300 g de petits pois surgelés
200 g de jambon blanc en tranches épaisses
200 g d'emmental
3 œufs
50 g de beurre
150 g de farine
1 sachet de levure chimique
15 cl de crème liquide
50 g de gruyère râpé
1 noix de beurre pour le moule
Sel, poivre du moulin

Un menu équilibré au bureau

2 tranches de cake jambon-emmental
Macédoine de légumes sauce crudités
Orange

1 Préchauffez le four à 180 °C (th. 6). Beurrez un moule à cake. Mettez les petits pois à cuire. Coupez le jambon et l'emmental en petits dés.

2 Cassez les œufs dans un saladier et battez-les en omelette. Faites fondre le beurre. Incorporez la farine et la levure tamisées, puis mélangez pour obtenir une pâte lisse. Versez alors la crème et le beurre fondu tout en remuant énergiquement. Ajoutez le gruyère râpé, les dés de jambon et d'emmental, les petits pois égouttés, salez légèrement et poivrez.

3 Versez la pâte dans le moule. Enfournez et laissez cuire 40 min. Vérifiez la cuisson avec la pointe d'un couteau. Laissez tiédir avant de démouler.

Sandwich au Serrano et poivrons

Préparation 30 minutes
Cuisson 20 minutes
Coût*
Difficulté*

LES INGRÉDIENTS POUR 4 PERSONNES

2 beaux poivrons rouges
1 petite gousse d'ail
Quelques feuilles de basilic
4 cuil. à soupe d'huile d'olive
2 cuil. à soupe de vinaigre de Xérès
4 morceaux de pain de campagne
1 poignée de roquette
8 tranches de jambon Serrano
Sel, poivre

Un menu équilibré au bureau

Melon
Sandwich au Serrano et poivrons
Yaourt aromatisé à la vanille

1 Faites dorer les poivrons dans le four sur position gril pour pouvoir les peler plus facilement. Vous pouvez aussi les épépiner puis les passer au cuit-vapeur pendant environ 10 min.

2 Coupez les poivrons pelés en lanières, mélangez-les avec la gousse d'ail épluchée et hachée, le basilic haché, l'huile d'olive et le vinaigre de Xérès. Salez et poivrez.

3 Coupez les morceaux de pain de campagne en deux. Répartissez la roquette, les poivrons et les tranches de Serrano. Arrosez avec un peu de vinaigrette des poivrons, refermez les sandwichs et emballez-les dans du papier d'aluminium. Conservez au réfrigérateur et transportez dans une glacière.

Sandwich coppa, parmesan, tomates et noix

Préparation 25 minutes
Cuisson 20 minutes
Coût**
Difficulté*

LES INGRÉDIENTS POUR 4 PERSONNES

1 morceau de parmesan de 100 g environ
2 tomates
4 morceaux de pain de campagne
12 tranches de coppa
Quelques feuilles de basilic ou de roquette
Quelques petits cornichons
Quelques cerneaux de noix
4 cuil. à soupe d'huile de noix
Sel, poivre

Un menu équilibré au bureau

Sandwich coppa, parmesan, tomates et noix
Légumes vinaigrés à l'italienne (recette p. 71)
Compote pomme-fraise

1 À l'aide d'un couteau économe, détaillez le parmesan en copeaux. Découpez les tomates en rondelles. Coupez les morceaux de pain de campagne en deux, ouvrez-les bien, puis faites-les griller au four ou au grille-pain.

2 Répartissez sur les tranches de pain la coppa, le parmesan, les tomates, puis les feuilles de basilic (ou de roquette), les cornichons et les cerneaux de noix.

3 Arrosez chaque sandwich avec 1 cuil. à soupe d'huile de noix. Salez, poivrez puis refermez les sandwichs et emballez-les dans du papier d'aluminium. Conservez-les au réfrigérateur et transportez-les dans une glacière.

Le bœuf-menthe

Préparation 10 minutes
Coût**
Difficulté*

LES INGRÉDIENTS POUR 4 PERSONNES
80 g de tsatzik
2 cuil. à soupe de menthe ciselée
10 cm de concombre
1 baguette
300 g de fines tranches de rôti de bœuf
Poivre

Un menu équilibré au bureau
Le bœuf-menthe
Salade de fenouil et de pommes à l'orange (voir recette p. 58)
Flan au chocolat

Bon à savoir
Le rosbif fait partie des viandes les plus maigres : 5 % de matières grasses seulement !

1 Mélangez le tsatziki et la menthe ciselée. Taillez le concombre en très fines lamelles.

2 Coupez la baguette en quatre et fendez chaque part dans la longueur. Tartinez de tsatziki à la menthe, recouvrez de fines tranches de bœuf, poivrez, puis ajoutez des lamelles de concombre.

Club thon-mayo aux câpres

Préparation 10 minutes
Cuisson 10 minutes
Coût*
Difficulté*

LES INGRÉDIENTS POUR 4 PERSONNES

2 œufs
1 petite boîte de miettes de thon au naturel
2 cuil. à soupe de mayonnaise
1 baguette
1 cuil. à soupe de câpres
4 feuilles de salade croquante

Un menu équilibré au bureau

Club thon-mayo aux câpres
Salade de roquette à la mangue
Fromage blanc nature

Astuce

Si vous surveillez votre poids de près, remplacez la mayonnaise par du fromage frais.

1 Placez les œufs dans une petite casserole d'eau froide et comptez 10 min de cuisson. Puis passez-les sous l'eau froide et écalez-les (enlevez la coquille).

2 Égouttez les miettes de thon. Dans un autre bol, écrasez les œufs durs à la fourchette avec la mayonnaise.

3 Coupez la baguette en quatre et fendez chaque morceau dans la longueur.

4 Tartinez chaque morceau de pain du mélange œuf-mayonnaise, recouvrez de câpres puis de miettes de thon. Ajoutez 1 feuille de salade, refermez et dégustez.

Pain complet

AVEC MACHINE À PAIN :
Préparation 10 minutes
Cuisson 2 heures
Matériel spécifique 1 machine à pain

SANS MACHINE À PAIN :
Préparation 25 minutes
Repos 1 nuit + 3 à 5 heures
Cuisson 30 à 40 minutes
Matériel spécifique 1 robot ménager mini-pétrin
Coût*
Difficulté**

LES INGRÉDIENTS POUR 1 PAIN POUR 6 À 8 PERSONNES

30 g de beurre
8 g de sel
10 g de sucre en poudre
10 g de lait en poudre
460 g de farine complète
15 g de levure de boulanger

Un menu équilibré au bureau

Salade de tomates et mozzarella
Rôti de veau froid
2 tranches de pain complet
Pomme

Version avec machine à pain. Faites fondre le beurre. Versez-le dans la cuve de la machine à pain. Ajoutez 27 cl d'eau, le sel, le sucre et le lait en poudre. Tamisez la farine à travers une passoire fine et versez-la dans la cuve. Émiettez ensuite la levure de boulanger. Lancez le programme de pétrissage et de cuisson en mode normal ou complet.

1 **Version sans machine à pain.** Faites fondre le beurre. Mélangez 27 cl d'eau avec le sel, le sucre, le lait en poudre, le beurre fondu et la levure. Versez cette préparation dans la cuve du robot ménager. Ajoutez la farine complète et pétrissez à vitesse lente 5 min, puis à vitesse moyenne 15 min. Quand la pâte est bien ferme, placez-la en boule dans le réfrigérateur pendant 1 nuit. Farinez-la pour qu'elle ne sèche pas.

2 Pétrissez la pâte 2 min, puis donnez-lui la forme que vous souhaitez et laissez gonfler 3 à 5 h. Préchauffez le four à 180 °C (th. 6). Faites quelques incisions sur le dessus de la pâte avec une lame de rasoir ou un petit couteau, puis enfournez pour 30 à 40 min, selon la taille du pain.

Bœuf rôti et mariné

Préparation 35 minutes
Cuisson 30 minutes
Coût***
Difficulté***

LES INGRÉDIENTS POUR 4 PERSONNES

1 kg de faux-filet paré par le boucher
6 oignons nouveaux
2 oignons blancs
1 morceau de gingembre frais, gros comme le pouce
10 cuil. à soupe de sauce soja
4 cuil. à soupe d'huile de sésame
1 botte de coriandre
Huile d'arachide
Sel, poivre

Un menu équilibré au bureau

2 tranches de bœuf rôti et mariné
Salade de riz, tomate, maïs, avocat et comté
Clafoutis de pêches et brugnons (recette p. 116)

1 Préchauffez le four à 210 °C (th. 7). Huilez la viande, salez-la et poivrez-la. Épluchez les oignons (pour les oignons nouveaux, parfois il suffit de les laver et de couper racines et fanes) puis coupez-les en gros dés. Enfournez les oignons légèrement huilés et assaisonnés pour 10 min de cuisson. Ajoutez la viande et laissez cuire 20 min. Sortez du four et laissez refroidir.

2 Avec un couteau, coupez la viande en tranches fines puis placez-les dans un récipient fermant hermétiquement.

3 Dans un saladier, mélangez les oignons, le jus de cuisson avec le gingembre épluché et haché, la sauce soja, l'huile de sésame et la coriandre hachée.

4 Versez la sauce sur les tranches de viande, fermez la boîte hermétique et laissez mariner au frais jusqu'au moment de partir.

Terrine froide de saumon

Préparation 25 minutes
Congélation 1 heure 30
Cuisson 1 heure 15
Coût**
Difficulté*

LES INGRÉDIENTS POUR 6 PERSONNES

700 g de filet de saumon sans peau ni arêtes
3 blancs d'œufs
15 g de sel
2 belles pincées de poivre blanc
2 bonnes pincées de noix muscade
40 cl de crème fraîche épaisse
1 bol d'herbes hachées (facultatif)
Beurre pour le moule

Un menu équilibré au bureau

Terrine froide de saumon
Salade de roquette au roquefort
1 petit pain aux céréales
Fraises

Info santé

Le saumon est riche en acides gras insaturés de la famille des omégas 3, bons pour le système cardiovasculaire.

1 Coupez le saumon en cubes et placez-les au congélateur pendant 1 h. Mettez cette chair glacée dans un mixeur avec les blancs d'œufs, le sel, le poivre et la noix muscade. Réduisez en une fine pâte, puis placez-la au congélateur 30 min. Placez-y la crème également.

2 Travaillez ensuite la pâte vigoureusement pendant quelques minutes avec une cuillère en bois en incorporant la crème fraîche glacée.

3 Rectifiez l'assaisonnement en sel, poivre et muscade si nécessaire. Si la farce est trop ferme, rajoutez 1 ou 2 cuil. à soupe de crème fraîche. Ajoutez les herbes hachées, si vous les utilisez.

4 Préchauffez le four à 160 °C (th. 5-6). Beurrez un moule. Remplissez-le ensuite de farce. Recouvrez d'un papier d'aluminium et cuisez au bain-marie au four pendant 1 h 15 environ. Vérifiez la cuisson en piquant la terrine avec la lame d'un couteau : elle doit ressortir propre et sèche. Laissez refroidir plusieurs heures, puis conservez au réfrigérateur.

Salade de morue au citron

Préparation 25 minutes
Cuisson 30 minutes
Coût**
Difficulté*

LES INGRÉDIENTS POUR 4 PERSONNES

800 g de morue prête à cuire
400 g de pommes de terre
2 citrons
2 oignons nouveaux
1 petit piment rouge
6 cuil. à soupe d'huile d'olive
2 poignées de roquette
Sel, poivre

Un menu équilibré au bureau

Salade de morue au citron
Fromage blanc en faisselle
Poire

Bon à savoir

La morue peut être très salée : goûtez la préparation avant d'ajouter du sel !

1 Faites pocher la morue environ 20 min dans de l'eau frémissante. Égouttez-la délicatement, laissez refroidir puis éliminez les arêtes et la peau (le cas échéant). Effeuillez la chair de morue et réservez.

2 Pendant ce temps, faites cuire les pommes de terre à l'eau ou à la vapeur, laissez-les refroidir un peu, puis pelez-les et coupez-les en tranches.

3 Prélevez un zeste sur un des citrons et hachez-le. Pressez les deux citrons. Épluchez les oignons, puis hachez-les. Épépinez le piment et coupez-le assez finement.

4 Dans un saladier, assemblez la morue, les pommes de terre, le zeste et le jus des citrons, les oignons, le piment, l'huile d'olive et la roquette. Mélangez bien, goûtez, salez et poivrez si nécessaire, puis placez cette salade dans un récipient hermétique pour pouvoir la transporter facilement sur le lieu du travail.

Saumon froid mariné à l'aneth

Préparation 35 minutes
Réfrigération 24 heures
Coût*
Difficulté*

LES INGRÉDIENTS POUR 6 PERSONNES

1 kg de filet de saumon frais
4 cuil. à soupe de sel fin
8 pincées de poivre noir moulu
2 bottes d'aneth
3 cuil. à soupe de sucre en poudre
Le jus de 2 citrons
10 cl d'huile d'olive

Pour la sauce

2 cuil. à soupe de moutarde forte
Le jus de 2 citrons
2 cuil. à café de sucre en poudre
1 botte d'aneth frais
10 cl d'huile d'olive
Sel, poivre noir moulu

Un menu équilibré au bureau

Saumon froid mariné à l'aneth
Salade frisée
2 tranches de pain complet (recette p. 98)
Yaourt nature

Bon à savoir

Cette recette est riche en graisse : accompagnez-la d'une salade et d'un dessert simple.

1 Dans un saladier, assemblez le sel fin, le poivre, l'aneth haché et le sucre. Disposez la moitié de ce mélange au fond d'un plat.

2 Couchez le filet de saumon par-dessus puis recouvrez-le avec le reste du mélange. Pressez bien. Versez ensuite sur le poisson le jus des citrons et l'huile d'olive. Recouvrez le tout de film alimentaire. Placez une petite planche sur le filet, puis une grosse boîte de conserve par-dessus pour mettre le filet « sous presse ». Placez le tout au réfrigérateur pendant 24 h.

3 Préparez la sauce : dans un bol, assemblez la moutarde, le jus des citrons, le sucre en poudre, l'aneth haché, du sel, du poivre et l'huile d'olive. Mélangez quelques instants avec un fouet, goûtez et rectifiez l'assaisonnement à votre goût.

4 Sortez le filet de sa marinade. Découpez-le ensuite en tranches aussi fines que possible et déposez-les dans un récipient hermétique. Pensez à transporter ce saumon mariné dans une glacière. Dégustez très froid avec une salade verte et la sauce à l'aneth.

Julienne froide au pistou

Préparation 25 minutes
Cuisson 20 minutes
Coût**
Difficulté*

LES INGRÉDIENTS POUR 4 PERSONNES
4 morceaux de filet de julienne de 180 g chacun
10 feuilles de basilic
Huile d'olive
Sel, poivre

Pour le pistou
2 bottes de basilic
6 gousses d'ail nouveau ou violet dégermé
10 cl d'huile d'olive
3 cuil. à soupe de poudre d'amandes
Sel, poivre

Un menu équilibré au bureau
Julienne froide au pistou
Salade de fenouil émincé
1 petit pain de campagne
Fromage blanc nature

Bon à savoir
Le pistou est riche en graisses : servez-vous-en 2 cuil. à soupe maximum pour ne pas prendre de poids.

1 Préparez le pistou : lavez les feuilles de basilic. Plongez les gousses d'ail dans une petite casserole d'eau bouillante pendant 20 sec, puis égouttez-les. Dans un mixeur, assemblez le basilic, l'ail, l'huile d'olive, la poudre d'amandes, du sel et du poivre. Mixez pour obtenir une pâte fine. Placez dans un petit pot hermétique.

2 Préparez le poisson : salez et poivrez les morceaux de julienne, puis huilez-les légèrement. Hachez grossièrement les feuilles de basilic, puis utilisez-les pour paner les morceaux de poisson qui doivent être pratiquement entièrement recouverts. Posez-les dans un cuit-vapeur et comptez 10 à 12 min de cuisson environ. Vous pouvez également cuire le poisson au four 15 min à 180 °C (th. 6) ou le pocher dans de l'eau frémissante. Laissez refroidir complètement.

3 Placez le poisson cuit dans un récipient hermétique et le pistou dans un pot. Consommez la julienne avec une salade verte (ou une salade de fenouil émincé) et utilisez le pistou comme une sorte de moutarde.

Rôti de porc froid, oignons rouges et gingembre

Préparation 10 minutes
Cuisson 50 minutes
Repos 30 minutes
Coût*
Difficulté*

LES INGRÉDIENTS POUR 4 PERSONNES

1 kg de rôti de porc
4 pincées de cannelle en poudre
2 pommes
3 oignons rouges
Le jus de ½ citron
20 cl de vin blanc doux
4 cuil. à soupe de miel
2 cuil. à soupe de gingembre frais (ou surgelé)
4 cuil. à soupe de vinaigre de vin
Huile d'arachide
Sel, poivre

Un menu équilibré au bureau

Rôti de porc froid, oignons rouges et gingembre
Salade de pommes de terre, emmental, tomate et ciboulette
Pomme

1 Huilez et assaisonnez le rôti de sel, de poivre et de cannelle. Pelez les pommes, éliminez le cœur, puis coupez-les en quatre.

2 Faites chauffer de l'huile dans une cocotte, puis faites colorer le rôti sur toutes ses faces à feu assez vif pendant 15 min. Épluchez les oignons et coupez-les en gros dés. Ajoutez-les dans la cocotte, couvrez et laissez cuire à feu moyen pendant 10 min. Ajoutez ensuite le jus de citron, le vin blanc, les quartiers de pomme, le miel, le gingembre haché et le vinaigre. Comptez encore 35 min de cuisson, à petit feu et à couvert.

3 Sortez ensuite le rôti du feu, enveloppez-le de 2 couches de papier d'aluminium et laissez-le tiédir ainsi pendant 30 min. Dégraissez le jus de cuisson avec une cuillère, puis faites-le bouillir 1 ou 2 min pour le concentrer.

4 Coupez le rôti en tranches assez fines, placez-les dans un récipient hermétique et versez le jus de cuisson pardessus avec les pommes et les oignons.

Muffins aux fruits secs

Préparation 25 minutes
Cuisson 20 minutes
Coût**
Difficulté**

LES INGRÉDIENTS POUR 12 PIÈCES

150 g de beurre
50 g de cassonade
3 cuil. à soupe de miel liquide
185 ml de lait
2 œufs
50 g de pruneaux dénoyautés
50 g de figues séchées
100 g d'abricots secs
80 g de noix de pécan décortiquées
50 g de noisettes décortiquées
280 g de farine
1 sachet de levure
1 cuil. à café de gingembre en poudre
2 cuil. à café de cannelle en poudre
15 g de beurre pour les moules

Un menu équilibré au bureau

Salade de tortis, surimi, avocat, tomates cerise et œufs durs
1 muffin aux fruits secs

Info santé

Les fruits secs sont riches en magnésium, qui permet de lutter contre le stress au travail !

1 Versez le beurre, la cassonade et le miel dans une casserole. Faites chauffer à feu très doux tout en mélangeant, jusqu'à complète dissolution. Hors du feu, ajoutez le lait et les œufs, puis battez le mélange avec un fouet.

2 Préchauffez le four à 200 °C (th. 6-7). Versez les fruits secs (pruneaux, figues et abricots), les noix et les noisettes dans un mixeur et hachez grossièrement.

3 Versez la farine, la levure, le gingembre et la cannelle dans un saladier. Mélangez et creusez un puits au centre. Versez-y le mélange lait-œuf et le mélange fruits secs-noix. Mélangez avec une cuillère sans trop travailler la pâte qui doit rester grumeleuse.

4 Beurrez les moules à muffin et remplissez-les de pâte aux trois quarts. Mettez à cuire au four 15 à 20 min. Vérifiez la cuisson en piquant la pointe d'un couteau dans un muffin : elle doit ressortir sèche. Laissez les muffins refroidir 5 min hors du four avant de les démouler.

Compote de fruits rouges et citronnelle

Préparation 15 minutes
Cuisson 20 minutes
Coût*
Difficulté*

LES INGRÉDIENTS POUR 4 À 6 PERSONNES

2 pommes
250 g de fraises
250 g de framboises
100 g de groseilles
1 belle tige de citronnelle
120 g de sucre en poudre

Un menu équilibré au bureau

Brochette de tomates cerise, radis et ananas
Le bœuf-menthe (recette p. 94)
Compote de fruits rouges et citronnelle

Le saviez-vous ?

Les fruits rouges figurent parmi les fruits les plus pauvres en sucre !

1 Pelez les pommes, éliminez le cœur et les pépins, puis coupez-les en tranches assez fines. Lavez, égouttez et équeutez les fraises. Coupez-les en deux si elles sont trop grosses. Triez les framboises et les groseilles. Pelez la citronnelle et hachez le cœur obtenu.

2 Dans une grande casserole en acier inoxydable, mettez les pommes, les fraises, les framboises, les groseilles, la citronnelle et le sucre. Couvrez, portez à ébullition et laissez cuire pendant 20 min en remuant de temps en temps.

3 Réduisez les fruits en une fine purée dans un mixeur. Dégustez tiède ou froid.

Clafoutis aux framboises et au miel

Préparation 20 minutes
Repos 15 minutes
Cuisson 30 minutes
Coût*
Difficulté*

LES INGRÉDIENTS POUR 4 À 6 PERSONNES

3 œufs
160 g de miel
40 g de farine tamisée
50 g de poudre d'amandes
1 pincée de sel
45 cl de lait entier
1 cuil. à soupe de sucre (pour le moule)
450 g de framboises fraîches ou surgelées
Beurre salé pour la cuisson

Un menu équilibré au bureau

Taboulé (recette p. 66)
Rosbif froid
Clafoutis aux framboises et au miel

1 Dans un saladier, cassez les œufs et ajoutez le miel. Battez ce mélange quelques instants avec un fouet. Ajoutez la farine, la poudre d'amandes, le sel puis le lait, peu à peu et toujours en fouettant.

2 À l'aide d'une passoire fine, filtrez cette pâte pour éliminer tous les grumeaux. Laissez la pâte reposer 15 minutes environ. Préchauffez le four à 200 °C (th. 6-7).

3 Beurrez et sucrez un moule à clafoutis, puis répartissez et faites adhérer le sucre sur les parois du moule en le secouant.

4 Répartissez les framboises au fond du moule, puis versez la pâte par-dessus. Parsemez une dizaine de petites noisettes de beurre salé à la surface du clafoutis et enfournez pour 30 min de cuisson environ. Sortez du four, laissez refroidir puis enveloppez d'aluminium pour le transport.

Terrine d'agrumes à la fleur d'oranger

Préparation 40 minutes
Réfrigération 2 heures
Coût*
Difficulté**

LES INGRÉDIENTS POUR 6 PERSONNES

10 oranges
2 pamplemousses roses
6 feuilles de gélatine
1 cuil. à soupe d'eau de fleur d'oranger
50 cl de jus d'agrumes frais (mélange orange, pamplemousse et clémentine par exemple)

Un menu équilibré au bureau

Rôti de porc froid
Clafoutis de courgettes, chèvre frais et basilic (recette p. 65)
1 petit pain au pavot
Terrine d'agrumes à la fleur d'oranger

Bon à savoir

Ce dessert est 100 % fruits, sans matière grasse : faites-vous plaisir sans prendre ce poids !

1 Épluchez les oranges et les pamplemousses à vif. Travaillez au-dessus d'un saladier pour récupérer le jus qui s'écoule.

2 Mettez les feuilles de gélatine à tremper 10 min dans un grand bol d'eau froide. Versez le jus récupéré précédemment dans une petite casserole, ajoutez l'eau de fleur d'oranger et portez à ébullition. Hors du feu, mettez-y à fondre les feuilles de gélatine que vous aurez essorées entre vos mains. Remuez pour bien les dissoudre puis mélangez aux 50 cl de jus d'agrumes frais. Laissez refroidir la gelée d'agrumes à température ambiante 15 min environ et utilisez-la avant qu'elle ne prenne.

3 Tapissez une terrine de film alimentaire, versez un peu de gelée refroidie sur 1 cm d'épaisseur. Mettez au réfrigérateur 10 à 15 min pour qu'elle prenne.

4 Sortez la terrine et déposez-y une première couche d'agrumes, recouvrez de gelée, disposez à nouveau une couche d'agrumes et ainsi de suite. Placez au réfrigérateur au moins 2 h avant de servir. Démoulez délicatement et coupez en tranches.

Semoule aux fruits secs à l'orgeat

Préparation 20 minutes
Cuisson 2 minutes
Coût*
Difficulté*

LES INGRÉDIENTS POUR 4 PERSONNES

6 abricots secs
6 dattes
3 figues séchées
2 cuil. à soupe de raisins secs
200 g de semoule de blé dur (grain fin)
30 cl de lait
½ cuil. à café de cannelle
4 cuil. à soupe de sirop d'orgeat
1 cuil. à soupe de pistaches vertes
1 cuil. à soupe d'amandes effilées
1 cuil. à soupe de pignons de pin
20 g de beurre

Un menu équilibré au bureau

Asperges vertes sauce crudités
Poulet froid
Semoule aux fruits secs à l'orgeat

Pour varier

Ce dessert sera également délicieux tiède, avec une boule de glace à la vanille.

1 Coupez en petits dés les abricots, les dattes, les figues et les raisins secs. Versez tous ces ingrédients dans un plat creux et mélangez. Ajoutez la semoule et mélangez.

2 Mettez le lait à chauffer dans une casserole avec la cannelle et le sirop d'orgeat. Quand il est bouillant, versez-le dans le plat. Mélangez et laissez gonfler. Au bout de 10 min, remuez avec une fourchette pour bien détacher les grains.

3 Concassez grossièrement les pistaches avec un mortier, le dos d'une cuillère ou un coup de mixeur. Versez-les sur la semoule, avec les amandes et les pignons. Mélangez.

4 Versez le beurre dans une casserole, mettez sur le feu et versez-y la semoule. Réchauffez tout en égrainant la semoule à la fourchette. Consommez tiède ou froid.

Clafoutis de pêches et brugnons

Préparation 25 minutes
Cuisson 30 minutes
Coût*
Difficulté*

LES INGRÉDIENTS POUR 6 À 8 PERSONNES

2 brugnons
2 pêches
4 œufs
140 g de sucre roux
+ pour le moule
60 g de farine
60 g de poudre d'amandes
20 cl de lait
20 cl de crème épaisse
3 cuil. à soupe d'armagnac
1 gousse de vanille
1 pincée de sel
Beurre pour le moule

Un menu équilibré au bureau

Salade niçoise
Clafoutis de pêches et brugnons

1 Pelez les brugnons et les pêches. Coupez-les en petits quartiers et éliminez les noyaux.

2 Dans un saladier, réunissez les œufs, le sucre, la farine tamisée et la poudre d'amandes. Fouettez bien, puis versez le lait, la crème et l'armagnac. Ajoutez les petites graines noires contenues dans la gousse de vanille (récupérez-les en raclant avec la pointe d'un couteau la gousse coupée en deux dans le sens de la longueur). Mélangez bien et ajoutez le sel. Préchauffez le four à 200 °C (th. 6-7).

3 Beurrez et chemisez un moule à clafoutis de sucre. Répartissez les fruits au fond du moule, puis versez la pâte par-dessus. Enfournez pour 30 min de cuisson. Sortez du four, laissez refroidir puis enveloppez d'aluminium pour le transport.

Madeleines spéciales au colza et aux noix

Préparation 20 minutes
Cuisson 15 minutes
Coût*
Difficulté*

POUR 20 MADELEINES
125 g de sucre
3 œufs
100 g de farine tamisée
30 g de poudre d'amandes
½ sachet de levure chimique (5 g)
7 cl d'huile de colza
5 cl d'huile de noix
50 g de cerneaux de noix

Un menu équilibré au bureau
Cabillaud froid + 1 cuil. à café de mayonnaise
Terrine de carotte au gingembre (recette p. 50)
Fromage blanc nature
2 madeleines spéciales au colza et aux noix

Info santé
L'huile de noix et l'huile de colza sont bonnes pour le cœur et pour ses vaisseaux.

1 Dans un saladier, mélangez le sucre et les œufs avec un fouet. Ajoutez la farine tamisée, la poudre d'amandes, la levure et les huiles de colza et de noix. Dans un mortier, un mixeur ou sur une planche avec un bon couteau, hachez les cerneaux de noix.

2 Préchauffez le four à 180 °C (th. 6). Dans le moule, remplissez les empreintes des madeleines avec la pâte. Laissez reposer ainsi pendant 10 min. Saupoudrez ensuite de cerneaux de noix hachés.

3 Faites cuire au four pendant 15 min. Démoulez et dégustez tiède.

Cake spécial aux amandes

Préparation 20 minutes
Cuisson 50 minutes
Coût*
Difficulté*

LES INGRÉDIENTS POUR 6 PERSONNES

3 œufs
150 g de miel
125 g de farine
60 g de poudre d'amandes
½ sachet de levure chimique (5 g)
12 cl d'huile de colza
3 cuil. à soupe de rhum
80 g de cerneaux de noix
50 g de fruits confits
80 g d'amandes effilées

Un menu équilibré au bureau

Salade de pâtes papillons aux légumes rôtis (recette p. 62)
Jambon blanc
Yaourt nature
1 tranche de cake spécial aux amandes

1 Préchauffez le four à 170 °C (th. 5-6). Dans un saladier, mélangez les œufs et le miel. Ajoutez la farine, la poudre d'amandes et la levure. Mélangez, puis incorporez l'huile de colza et le rhum.

2 Hachez les cerneaux de noix et les fruits confits. Ajoutez-les dans le saladier ainsi que les amandes. Mélangez bien.

3 Versez la pâte dans un moule à cake et laissez reposer 5 min. Faites cuire au four pendant 50 min environ. Démoulez et laissez refroidir avant de couper en tranches.

Brownie aux fruits frais d'été

Préparation 35 minutes
Cuisson 20 à 25 minutes
Repos 1 heure
Coût*
Difficulté*

LES INGRÉDIENTS POUR 6 PERSONNES

Pour la garniture
1 pêche
1 brugnon
4 abricots

Pour la pâte
250 g de chocolat noir
150 g de beurre allégé
120 g de sucre en poudre
3 œufs
1 sachet de sucre vanillé
50 g de farine tamisée
1 pincée de sel

Un menu équilibré au bureau

Œuf dur sauce crudités
Tartare de tomates et blé au fromage frais (recette p. 76)
1 part de brownie aux fruits frais d'été

Astuce

Pour obtenir des brownies plus légers, remplacez le sucre par 15 cuil. à soupe d'édulcorant en poudre « spécial cuisson ».

1 Préchauffez le four à 180 °C (th. 6). Pelez la pêche et le brugnon, puis éliminez les noyaux. Coupez les abricots en deux et enlevez les noyaux. Découpez tous les fruits en morceaux.

2 Faites fondre le chocolat et le beurre au four à micro-ondes ou au bain-marie. Dans un saladier, mélangez le sucre, les œufs, le sucre vanillé, la farine tamisée et le sel. Mélangez bien, puis incorporez le chocolat fondu. La pâte doit être assez lisse.

3 Versez la pâte dans un moule. Ajoutez les fruits coupés par-dessus. Enfournez et laissez cuire pendant 20 à 25 min. Laissez refroidir 1 h, puis démoulez délicatement.

Muffins 100 % vanille

Préparation 35 minutes
Cuisson 25 minutes
Coût**
Difficulté*
Matériel spécifique
1 plaque souple de 12 muffins

LES INGRÉDIENTS POUR 12 MUFFINS

4 gousses de vanille
50 cl de lait
10 cl de crème liquide
300 g de sucre
4 œufs entiers
300 g de farine
8 g de levure chimique
90 g d'huile d'arachide ou de tournesol
80 g de beurre fondu
1 pincée de sel fin

Un menu équilibré au bureau

Tomates, crevettes marinées, pignons et basilic (recette p. 68)
Fromage blanc en faisselle
1 muffin 100 % vanille

1 Coupez les gousses de vanille dans la longueur et grattez l'intérieur pour récupérer les graines noires. Placez-les dans une soucoupe. Découpez les gousses en petits morceaux.

2 Dans une casserole, assemblez le lait, la crème et les morceaux de gousses. À feu doux, portez à ébullition et sortez aussitôt du feu. Couvrez et laissez infuser 30 min, hors du feu. Filtrez et récupérez le lait vanillé.

3 Dans un saladier, battez un moment le sucre et les œufs. Ajoutez la farine, la levure, les graines de vanille puis le lait vanillé. Mélangez bien, incorporez l'huile, le beurre et le sel. Mélangez avec un fouet à main pour obtenir une pâte parfaitement lisse. Faites préchauffer le four à 175 °C (th. 6-7).

4 Remplissez les moules avec la pâte. Laissez cuire pendant 25 min, ou un peu plus selon votre four. Au terme de la cuisson, démoulez les muffins encore chauds. Laissez-les refroidir pendant 30 min minimum.

Salade de fruits frais aux épices

Préparation 20 minutes
Macération 20 minutes
Coût**
Difficulté*

LES INGRÉDIENTS POUR 4 PERSONNES

2 kiwis
1 ananas victoria
1 mangue
1 banane
1 pamplemousse rose
2 fruits de la Passion
10 cl de sirop de sucre de canne
½ cuil. à café de cannelle en poudre
1 cuil. à café de gingembre pelé et râpé
1 pointe de couteau de noix muscade en poudre

Un menu équilibré au bureau

Carottes râpées au citron
Sandwich jambon-comté-cornichon
Salade de fruits frais aux épices

Pour varier

Variez les fruits proposés selon la saison et selon vos goûts !

1 Épluchez et coupez tous les fruits en morceaux. Prélevez la pulpe des fruits de la Passion avec une cuillère. Mettez tous ces fruits dans un saladier.

2 Dans un bol, mélangez le sirop de sucre de canne, la cannelle, le gingembre et la muscade. Versez sur les fruits, mélangez et laissez macérer 20 min. Consommez bien frais.

Index des recettes

Index des ingrédients

Dans la même collection

Déjà parus :

cuisine petit budget *sans prendre de poids*

apéro *sans prendre de poids*

cuisine familiale *sans prendre de poids*

recevoir *sans prendre de poids*

Crédits

Recettes originales de :
Marie-Laure André : pp. 59, 64, 65, 76, 77.
Stéphan Lagorce, pp. 48, 50, 54, 56, 58, 60, 62, 68, 70, 71, 72, 74, 86, 88, 92, 93, 98, 100, 101, 102, 104, 106, 108, 110, 112, 116, 118, 119, 120, 122.
Laurence du Tilly, pp. 52, 53, 66, 78, 80, 82, 84, 85, 90, 94, 96, 109, 114, 115, 123.

Photographies :
© Éric Fénot : pp. 55, 57, 61, 63, 69, 87, 89, 103, 105, 107, 113, 117.
© Rina Nurra : pp. 49, 67, 81, 91.
© Philippe Vaurès-Santamaria : pp. 51, 73, 75, 79, 83, 95, 97, 99, 111, 121.

Photographie de couverture :
© Éric Fénot – Stylisme : Delphine Brunet ; Salade merveilleuse sucré-salé (recette p. 52).

Les auteurs

Marie-Laure André *est diététicienne-nutritionniste. Elle s'est installée en libéral après 12 années de service au Centre Hospitalier Intercommunal de Toulon-La Seyne-sur-Mer, où elle était spécialisée dans la prise en charge nutritionnelle des insuffisants rénaux chroniques, des diabétiques et des obèses. Elle est auteur de plusieurs ouvrages de diététique :* Moins saler pour mieux se porter, *Flammarion, 2005 ;* Quel régime choisir ? *Flammarion, 2006 ;* Je ne suis pas une machine à maigrir, *Hachette Pratique, 2008 ;* Manger bien, manger sain, *Hachette Pratique, 2008.*
Stéphan Lagorce *est chef cuisinier, auteur de très nombreux ouvrages culinaires et traducteur notamment de Jamie Oliver.*
Laurence du Tilly *est styliste et auteur culinaire. Elle prend autant de plaisir à cuisiner qu'à présenter ses bons petits plats et offre des idées créatives et originales pour toute la famille.*

Directeur : Jean-François Moruzzi
Directeur éditorial : Pierre-Jean Furet
Responsables éditoriales : Delphine Kopff-Hausser et Tatiana Delesalle-Féat
Couverture et conception graphique : Salah Kherbouche
Mise en pages : Patrick Leleux
Secrétariat d'édition : Nelly Mégret
Fabrication : Amélie Latsch
Responsable des relations presse et des droits étrangers : Johanna Rodrigue
Attachée de presse : Mathilde Quénardel
L'éditeur remercie Claire Berthier pour son aide précieuse.

Imprimé en Italie par Stige
Dépôt légal : août 2010
ISBN : 978-2-0123-0244-0
23-28-0244-01-6